よくわかる古代中国の教育

閆　広芬　著
何翁鈴音　訳

グローバル科学文化出版

目次

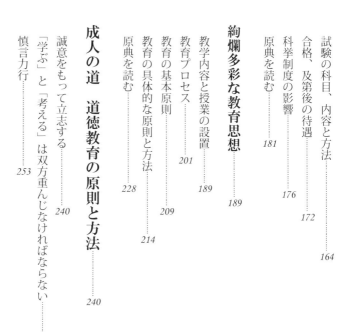

まえがき

陳　洪
徐　興無

私たちは文化の中で生活していて、「文化」とゆう言葉をよく口にする。だが、いざ文化とは何かを説明してもらうと、曖昧な言い方になってしまうかもしれない。これは我々のせいではない。学界にも百六十余りの文化に関する定義があるという。定義が多いからと言って、人々の思想が混乱しているというわけではない。それは「文化」の内包が多く、一言では語り切れないのだ。イギリスの文化人類学者エドワード・タイラー（一八三二〜一九一七）は一八七一年に大著『原始文化』を発表し、文化の概念を初めて明らかにした。「文化、あるいは文明とはすなわち広汎な民族学上の意義から言えば、あらゆる知識、信仰、芸術、法律を含み、かつ社会成員として求められる才能や習慣の集合体である」[1]。実は、「文化」とは、いわゆる「自然」に対して言うもので、中国古代の観念では、自然

1 （英）エドワード・タイラー『原始文化』、連樹声訳、広西師範大学出版社、２００５年、１頁。

は「天」に属し、文化は「人」に属し、人類の活動が成果を伴えば、それらは全て文化に帰結できるのだ。孔子は「飲食男女、人之大欲存焉（飲食と男女間の愛は人の大きな欲望がとどまる所）」[1]という。このような自然な欲望から見ると、人類の活動および創造は生産と生殖という二種類にすぎない。そして目標はただ二つ、生存と発展だ。しかし、人間の生殖と生産は自然の意味での種の継続と食料の摂取ではなく、人間は物質的な富と精神的な富を作り出し、もう天のお陰で口過ぎするのでなく、人間は遺伝子を伝達・交換するだけでなく、文化知識、知恵、感情と信仰を継承、交流し、人種の繁殖と持続も文化の延長となった。だから、文化は人類の創造能力に根ざしている。文化は人類を自然から解放させて、自分の世界を創造し、さらに私たちの文化で自然を利用し、自然を変えるのだ。

文化は永遠に止まらない人類活動に存在するため、人間の文化は豊富・多彩で、変わり続けるのだ。異なった文化には、異なった方向性、異なった特質、異なった形式がある。これらの差異があるからこそ、衰微し、さらには消えてしまう文化もあれば、更新していく文化もあるのだ。「文化」という用語は名詞というより、動詞というほうがいいとさえ言われている。[2] 本世紀初めに国連教育科学文化機関（ユネスコ）が発表した『世界文化レポート』に次の文がある。すなわちグローバル化が進み、かつ情報技術の革命が進む中で「文化はもう昔のように思われていた静止、閉鎖、固定されたもので

1 『礼記・礼運』
2 （蘭）ヴァン・ペルセン（Van Peursen, C.A.）『文化戦略』、劉利圭等訳、中国社会科学出版社、1992年、2頁。

はない。文化は実際、マスメディアやインターネットを通して国境を超え交流し、かつ創造することができるものとなった。我々は今、文化をすでに完成した製品ではなく、一つの過程とみなすべきである」[1]。

文化とは何かを知った後、また文化観とは何かを理解する必要がある。これはすなわち、人々が文化に対する認識および態度だ。文化観は先に次の問いに答える必要がある。すなわち、我々の文化はどこから来たのか?という問いだ。異なった民族、宗教、文化共同体における人々の見方はひときわ異なって見えるが、古来、人類は共通の信仰を持っていた。それは、文化は我々のような平凡な人々によって創造されたものではないということだ。

神から与えられたものと考える人がいる。例えば、ギリシャ神話で、神の末裔であるプロメテウスは人間を作り上げ、しかも人間に天文地理の知識、舟車の作り方、文字を教え、そして天上から火を盗んで人間に与えたという。ヘブライ文化を代表する旧約聖書では、神は一週間かけて世界を創造し、六日目には自身の姿、形そっくりに人間を創造し、食べ物を得る方法を教え、人間に世界を管理する文化的使命を与えたという。

聖人によって創造されたとする説もあり、この点で中国の古代文化は代表的だ。火は燧人氏によっ

1　国連教育科学文化機関（ユネスコ）編『世界文化報告――文化的多様性、衝突与多元共存』、関世傑等訳、北京大学出版社、2002年、9頁。

て発見され、八卦は伏義によって描かれ、舟車は黄帝によって造られ、文字は倉頡氏によって造られた……。しかし、聖人の文化創造は、空想によってつくられたものではなく、天地万物と自身の啓示を受けたものだ。中国の古い『易経』には、古代聖人の造物《ぞうぶつ》の方法として、「仰則觀象於天、俯則觀法於地、觀鳥獸之文與地之宜、近取諸身、遠取諸物（仰《あお》いでは象を天に観《み》、俯《ふ》しては法を地に観、鳥獣の文《ぶん》と地の宜《ぎ》を観、近くはこれを身に取り、遠くはこれを物に取る）」とある。『易経』は最初に中国の「文化」と「文明」の定義を与えた。「剛柔交錯、天文也。文明以止、人文也。觀乎天文以察時變、觀乎人文以化成天下（剛柔交錯するは天文なり。文明にして止まるは人文なり。天文を観て、以て時変を察し、人文を観て、以て天下を化 成す）」。文は文才、質感を指し、文飾と秩序である。剛と柔の力が交わることで、宇宙はカオスから抜け出し、天文になった。天文の明るい光は人間の模倣によって利用され、そこで野蛮さから解放され、人文が生まれた。聖人は天文を観察することによって、自然の変化を予知する。人文を観察することによって、人類社会を教化する。また、『易経』には、「一陰一陽之謂道。繼之者善也、成之者性也。仁者見之謂之仁。知者見之謂之知（一陰一陽これを道と謂《い》う。之を繼ぐ者は善也。之を成す者は性也。仁者は之を見て之を仁と謂ひ、知者は之を見て之を知と謂ふ）」とある。宇宙・自然には「道」が存在・運営されており、そこには陰陽という二つの動力が含まれ、男と女が子供を産むように、物事にいろいろな本性を与え、聖人、君子だけが「道」に啓発され、その中から知恵を得ることができる。その自覚と意識は、現代文化論でいう「文化の自覚」に相当する。

では、なぜ聖人はこのようにしたのか。それは我々平凡な人々は「文化の自覚」の心を有しておらず、身もまた「道」の中にあるか知らないためだ。『易経』は「百姓日用而不知、故君子之道鮮矣（百姓《ひゃくせい》は日々に用ひて而《しか》も知らず。故に君子の道鮮し）と慨嘆した。「君子の道鮮し」とは何か。「鮮」は少ないということで、文化が優れていないという意味なので、聖人が啓蒙してくれるのを待たなければならない。中国文化における文化の使命は聖賢によって担われるので、だから孟子は天が人民を産み、その中の「先知覚後知（先知をもって後知を覚らせる）」、「先覚覚後覚（先覚をして後覚を覚さしむ）」を教えたという[1]。

文化は神から与えられたものであっても、聖人が創造したものであっても、崇高で神聖なものだ。そのため、各文化共同体の人々は、自分の文化を認め、賛美し、自分の文化や価値観で自然、社会、自己を見つめ、個人の心と環境の関係を調節し、調和のとれた行動様式を養成する。

中国は今まさに文化について語ることを好む時代にある。一般の人々は茶文化、酒文化、美食文化、養生文化に注目している。これは我々が日常生活の中で価値や意義を探っているということを意味している。社会や国家は政治文化、道徳文化、風俗文化、伝統文化、文化継承や創造に注目し、優秀な伝統文化を発揚することを提唱している。これは、我々が国家と民族のために精神力と発展の方向を求めるということを示している。神や聖人が天下を統治し、かつ教化する時代は既に歴史となった。

1 『孟子・万章』

私たち平凡な庶民だけが「文化の自覚」を持ち、私たち一人ひとりが文化の継承者であり、創造者であることを認識してこそ、社会と国家全体が「文化の自信」を持つことができる。

しかし、私たちは「百姓日用而不知（百姓は日々に用ひて而も知らず）」「文化蒙昧《もうまい》」の時代から脱せば離れるほど、私たちの「文化の自覚」を深く反省しなければならない。なぜなら「文化の自覚」とは、至るのが難しい境地だからだ。文化を語ることが好きで、文化を知っている、あるいは「文化の意識」があると「文化の自覚」があるのでしょうか？答えは否である。たとえば、我々は「文化の自負心」や「文化の劣等性」という二つの文化意識をよく表現しているが、なぜそうなったのでしょうか？私たちは単一不変の文化の中で生きていることができないからだ。昔から、中国の文化は、絶えず異文化と出会い、対話・衝突・融合してきた。中国の文化はもはや古代の文化ではなく、絶えず変化している。この時、私たちは自分たちの文化に縛られたり、異文化に左右されたりして、間違った文化意識を持ってしまうこともある。孔子が川の流れを見つめながら「逝く者は斯かく の如きか」といった。流水はこのようで、文化もこのようだ。中国文化の主流と脈絡について、私たちは「春江水暖鴨先知」（春の川の水が暖かくなってきたことはカモが先ず第一番目に知る）」のような親切な体験と微細な気づきがあるだけでなく、孔子のように岸に立って観察し、人類の歴史という長い時間座標と世界の多元文化という空間座標で中国文化を位置づけてこそ、初めて優れる見識と客観的真実の知識を得ることができる。異文化と交流・参考・融合する能力を強化し、自分の文化を革新する能力を強化し、これは「文化自主」の能力とも呼ばれる。中国現代社会人類学者費孝通はこう言う。

「〝文化の自覚〟は今の時代の要求であり、それは一定の文化に生活している人がその文化に対する自覚を持って、そしてその発展の過程と未来に対して十分な認識があることを指しており、文化の自覚は全世界の範囲内で〝和而不同〟を提唱する文化観の具体的な体現であると言えるかもしれない。中国の文化がグローバル化の流れへの対応につながり、大いに活かされることを願う」[1]

もし「文化の自覚」の意識を有したのであれば、「文化の自信」の心態をつくり、かつ「文化の自主」の能力を増強することが求められる。したがって、我々のような一般的な民衆は絶えず自らの文化を理解することが求められるとともに、異文化をも理解することが求められるのだ。

中国文化は極めて奥深いが、決してその門を入ってはいけないわけではない。このため、私たちは中国文化に関する知識叢書を共同で編纂し、読者に中国文化の発展過程、特徴、成果、制度文明と精神文明などの主要な知識を紹介した。

中国文化は「天人合一」（天・人を対立するものとせず、本来それは一体のものであるとする思想）を尊び、中国人が本を書くのにも「究天人之際、通古今之変」（天人の際を究め、古今の変を通じる）という理想があり、本の内容を宇宙の秩序に沿って並べている。例えば、中国古代の儒教教典の一つ

1　費孝通「経済全球化和中国〝三級両跳〟中的文化思考」、『光明日報』、2000年11月7日。

である『周礼』は、時空の秩序によって周王朝の官制を天、地、春、夏、秋、冬の六官に分けて記述した。秦の呂不韋が学者に命じて編集させた史論書『呂氏春秋』は、一年十二月の順序で十二紀を編集した。晩唐の詩人司空図の詩論書『詩品』は、太陰太陽暦の二十四節気にちなんで、詩中に表出される情趣を「雄渾」から「流動」に至る二十四類に分かって、『二十四詩品』と称した。私たちのこの叢書は、中国文化の内容を網羅することはできないが、中国文化の趣を体現したものとなっていることを願って、そこで「二十四品」の雅号を借りて、一組の中国文化の小品を献上し、読者はきっと小をもって大を知り、やさしいところから難しいところへ一歩々々進み、古人の言葉のように、「嘗一臠肉知一鑊味」（一臠《いちれん》の肉を嘗めて一鑊《いっかく》の味を知る）ができると信じている。

二〇一五年七月

序論

中国は常に教育を重視し続けてきた。功績を立てたほぼ全ての哲学者が教育者であり、様々な形の学問の講義や教育活動に熱心だ。彼らの豊富な教育思想と実践的な活動を通して、我々は時代を超えた教育に関する正しく明快な見解を知る。もし我々が「教育はどんな人を育成するべきだか。またどのように人を育成するか」で中国の豊富な教育思想と実践に対して整理すれば、避けられない単語がある。「君子」だ。「君子」は中国の伝統的な教育目標に対する代表的かつ包括的な表現と言える。どのようにして君子になり得るのかを、本書は「君子の学」を以てまとめた。何を「君子」と呼ぶのかを明らかにしたければ、儒家の学派の話からせねばならない。

一本の主軸

当代の著名な哲学者である張岱年は「儒家の哲学は教育家の哲学だ」と明言していた。つまり、儒家の学者というのは、教育者としての立場と観点から哲学的問いを考えているというのだ。教育者とは何か。簡単に言えば、これらの学者は豊富かつ広範な教育実践活動に影響を与え、また教育実践に基づいた独自の教育思想、観点を持っていることを指す。この視角から言えば、儒家の哲学思想の形成と発展は儒家学者の豊富な教育実践活動から離れられず、その哲学思想と教育思想は融合されていた。中国の歴史家・范文瀾は、儒家の教育思想が中国の伝統教育思想の核心内容として、中国教育史の主軸となるべきだと考えていた。儒家はどうして教育を中心に自分の思想体系を創立し、教育を立国と救世の根本としたのか。我々は「儒」の起源と「儒」の機能を通じて、この文化の謎を紐解いていきたい。

「儒家」は先秦時代に孔子が創立した学派だ。しかし孔子自身は「儒」を自任していなかった。「儒」と「儒家」の概念には違いもあり繋がりもある。「儒」は人の一種の身分あるいは職業であり、儒家の学派が「儒」と命名した以上、それは「儒」と必然的な関係がある。儒家は「儒」から生まれ、「儒」の起源を明らかにすると、儒学がなぜ教育中心の思想の根源なのかを初歩的に明らかにすることができる。

「儒」の起源はかねてから歴史家に重視されてきた。「儒」の最初の意味については、漢代の許慎が著した『説文解字』の解釈が最も代表的だ。彼は「儒、柔也、術士之称（儒は柔弱の人、術士と称す）」と言った。「儒」はもともと何かの専門技術を身につけて生計を立てる人で、その成分はとても複雑だ。『韓非子・内存説下』では「斉使老儒掘薬於馬黎之山（斉は老儒を使わして馬黎山へ薬を掘らしむ）」といい、医者も儒の一種であることがわかる。『漢書・司馬相如伝』では「列仙之儒居山沢間（仙人の儒者は山沢に隠棲していた）」といい、方士（昔、神仙術を行なった人）もまた儒の一種であると言える。しかし、儒の最も重要な成分は、やはり教育に従事する職業の官を指す。班固が著した『漢書・芸文志』の解釈によると、儒家の流派は、おそらく最初に司徒という官から出たもので、司徒は古代の重要な官職だった。彼らは国の君主を補助し、自然に適応し、衆生を説法により感化し、善に導く。六経（儒教の基本的な六つの経典）の文章における教養は、特に仁義の事に注意し、中国古代の伝説上の帝王、尭と舜の道統を正宗にし、周王朝の基礎をつくった周文王、周武王の礼法を守り、孔子を師表として尊崇したように、彼らの言論の重要性を強調し、しかも各派の道術の中で最も崇高とされていた。儒家が教育を重視するのは、いわゆる「司徒」という職が西周社会で主に教化に従事する官職だったことにある。大司徒が教化に従事した内容は、六徳・六行・六芸から構成された「郷三物」だ。『周礼・地官・大司徒』では「以郷三物教万民、而賓興之。一曰六徳、知、仁、聖、義、忠、和。二曰六行、孝、友、睦、姻、任、恤。三曰六芸、礼、楽、射、禦、書、数」といい、儒家の教育思想、教学内容はいずれも大司徒の責務に見ることができて、これによって儒家と儒学と司徒職との関係を見ることができる。

それだけではない。『周礼』には「師儒」という記述があり、「儒」と教育職官との関係をさらに反映していた。『周礼・天官・大宰』に記載されていた「九両」には、「師」と「儒」の区別があった。「九両」とは、諸侯が万民を連絡し、離散させないという九つの政治的措置を指す。『五経正義・周礼正義』には、「以九両系邦国之民。一曰牧、以地得民。二曰長、以貴得民。三曰師、以賢得民。四曰儒、以道得民。五曰宗、以族得民。六曰主、以利得民。七曰吏、以治得民。八曰友、以任得民。九曰藪、以富得民」という記述があり、鄭玄の注釈によると、「両、猶耦也。所以協耦万民……。師、諸侯師氏、有徳行以教民者。儒、諸侯保氏、有六芸以教民者」といい、『周礼』の「師」「儒」はいずれも西周時代に教育に従事した官職であることがわかる。このことから、儒家が教育を重視したのには歴史的な根源があったといえる。儒家教育の基本理念と教学内容は、『周官』に記載された師・儒の責務に根拠を見つけることができる。師・儒は、朝廷の官僚であると同時に、西周の専門教育に従事する者でもあり、このような政教一体の思想は、儒家教育の基本理念でもある。儒者は「建国君民、教学為先（治国と民を治めるには、第一の急務は道徳の教化を推し進めることだ）」と強調した。

春秋戦国時代には、儒学は顕学だったが、諸子百家のうちの一家に過ぎなかった。孔子や孟子など儒家の先哲（賢明な人）は経世の志を持っていたにもかかわらず、仁道思想を指導として経邦済世の政治事業に従事することを望んだが、当時は儒家思想を実行に移すことができなかったため、儒家の社会機能はあまりはっきりではなかった。前（西）漢以後、儒教の地位が著しく変化し、董仲舒は孔子の思想を発揮し、「教、政の本なり。獄、政の末なり」（『春秋繁露・精華』）と提出し、道徳教育は「執政者の第一の急務」であると主張した。さらに彼は儒家の倫理規範を「三綱五常」と概括した。「三綱」とは、君を臣綱とし、父を子綱とし、夫を妻綱とする。「五常」は仁、義、礼、智、信だ。武帝は董仲舒の対策を受け入れ、「百家を罷免し、儒術を独尊する」と提案した。その後、儒学は日増しに歴代の朝廷が推賞する官学となり、支配的なイデオロギーとなった。この時、儒学の社会機能は日に日に重要になり、突出しているように見えた。儒学は単なる学術ではなく、他の宗教、文芸、科学技術、教育などの分野に影響を及ぼした観念・文化形態であり、同時にそこから国家の政治・法律制度と家族制度を派生した。儒学はすでに古代中国人の自覚あるいは無自覚の意識になり、社会全体の各方面、例えば帝王、士人、軍伍、農民、商賈などに深い影響を与え、さらに中華民族の共通の心理と習性になった。

儒学はどうして中国古代の社会生活と個人の行為を支配・指導した主導的な思想文化になったのか。なぜこのような大きな歴史的役割を果たしたのか。これは儒学を身につけ、伝播した儒者と密接な関係があった一方、儒学教育の鮮明な人文特色とも関係があった。儒士ってどういう人?もちろん彼らはまず儒学の主宰者で、儒家の経典を十分に読んだので、儒学に対して一定の程度の思考と研究があって、儒家の道徳・道理に対して内在的な体得と実践があって、そして生活の中で「師(先生)」の役になった。儒教の教育活動は宮廷教育、学校教育、社会教育を含んだ。教育対象は君主、王公・士大夫及び一般庶民であり、儒士たちはこれらの異なった対象に対して教育を行い、儒学の社会機能を実現していた。儒学の成果は教育の領域だけではなく、儒学教育の鮮明な人文主義特色にも現れ、人文教育を尊び、「観乎人文以化成天下」を提唱した。近代中国の思想家・梁漱溟は、中西教育の伝統を比較した。彼は『東西人的教育之不同』という本で、「西洋人は知識を、中国人は君子の道を学んだ」と書いた。中国の教育は情意の方面に重きを置いているが、西洋の教育は「知」の方面に重きを置いている。中国と西洋の教育の違いは、その根源は実は中国と西洋の文化の違いだ。西洋人は知識の論理に従うことを重視しているが、中国人は個人の経験、意見、考えと手腕に従うことをもっと重視している。もし中国と西洋の教育・文化が互いに参考になれば、互いに学び、促進するのが最も良い道だ。だから、儒家の「観乎人文」は、道徳や義理を主とする人文文化だ。儒家の学者はまず統治者に対する道徳教育を第一に置く。中国古代の教育目的、教育機構、教育内容は、すべて道徳教育をめぐるものだった。前漢以降、儒家の経典は各級各類の学校の基本教材となり、この現象は清末まで続いた。儒家の経典が歴代の統治者の重視を受けたのは、それが中国の伝統的な倫理を守る各種の理論、規範、修養方法などを詳しく記録したからだ。この点は朱氏が『白鹿洞書院教条』で「熹竊観古昔聖賢所以教人為学之意、莫非使之講明義理、以修其身、然後推己及人」とはっきりと述べていた。倫理的に要求された統治者になるためには、統治者の道徳教育はどのような目標に到達するのか、どのような手続きを経なければならないのか。これに対して『四書』の一つである『大学』には明確な規定があった。「大学」とは、朱熹が「大学者は、大人の学でもある」と説明していた。朱熹は、同書が国家政治に従事した大人、君子についての学問であると考えた。『大学』の冒頭に掲げられた三つの綱領は、統治者または統治者になる士子たちに対する道徳教育の目標であり、「大学之道、在明明徳、在親民、在止於至善（大学の道は、明徳を明かにするに在り、民を親にするに在り、至善に止まるに在り）」という。どうやってこの目標を達成できるか？『大学』は八つのステップを提出し、即ち格物、致知、誠意、正心、修身、斉家、治国、平天下。これは、道徳教育と社会政治を一つの有機的な全体に統合させ、個人の道徳教育、道徳修養を天下の国家政治の主導的な地位を決定することに置いた。

「君子」とは

君子とは、中国人が公認する学識・人格ともに優れ、徳行のそなわった人を指す。「君子」という言葉は遥か昔から形成されており、ニュアンスに富み、深く中国文化の中に溶け込んでいて、中国人の性格や思想にも影響を与え、中国人の理想的な人格、「中国人の最も独特な文化標識」になった。これは「中華民族は君子になりたい民族だ」（余秋雨）と運命づけられていた。君子の学とは、つまりどのように君子になるのを学ぶかということだ。「女為君子儒、無為小人儒（女《なんじ》、君子の儒と為れ、小人の儒と為る無かれ）」（『論語・雍也』）という言葉は孔子の名言であり、中国の伝統教育文化に深く影響を与え、数千年にわたって中国教育の目的、内容、制度、方法を定めた。「君子」の意味が分からなければ、中国の教育文化の伝統は理解できないと言える。

「君子」の意味については、これまでさまざまな解説がなされてきた。一九一四年、梁啓超は清華大学で演説し、「君子の二字は非常に意味が大きく、これを説明しようとするが、なかなかその確かな解を得られなかった」と述べた。総合的に見ると、最初は「君子」についての人々の理解は、支配権力を握っている人や管理地位にある人を指していた。『礼記・玉藻』では「古之君子必佩玉……君子無故玉不去身、君子於玉比徳焉玉（古の君子は必ず玉を佩す……君子は故無くして玉身を去らず、君子は玉に於て徳を比す）」という。庶民は玉をつけることができないので、それゆえ言語学者の王力は「当初、君子は貴族支配階級の通称だった」と言った。先秦の典籍を考察すると、「君子」とは、位がある人を指すことが多く、つまり今日私達が「官吏」と言うのだ。『論語』の中で孔子が直接「君子」と呼ばれたのは、(春秋時代)衛国大夫だった蘧伯玉、魯国三桓の一人だった孟氏の後継者・南宮适、単父の宰だった宓子賤だ。魯国の正卿だった季康子は素行が悪いが、孔子が彼と話している時には、依然として彼を「君子」と呼んでいた。これは、春秋戦国時代以前の時代において、「君子」の主な意味は権力、身分、地位の標識であり、完全に道徳を基準にしていなかったことを示していた。普通の庶民なら、どんなにモラルが高くても、君子とは言わないでしょう。古代の宗法制度の要求によって、国の息子(嫡男)は幼い時から理想と人格の規範教育を受けなければならないため、自然に個人修養の模範となった。その後、君子という言葉は道徳、「地位が高い」「人格が高尚」「尊敬する」「権威が高い」という学問・素養がきわめて高い人になった。つまり、「君子」といった人は、単に生まれた高貴さだけでなく、それ自体が高尚な人格を持っていたのだ。つまり、中華文化がスタートした当初、「君子」は人々が官職者としての呼称であり、その中に含まれた道徳の要求は、全社会の構成員が権力層に対して抱いた理想的な期待だった。その後、政治・経済・文化の発展につれて、「君子」の概念は次第に権力の意味から離れ、一般民衆の人格憧れになり、中華民族の集団人格規範を形成した。次は孔子の眼中にある「君子」を例にとって、君子とは何かを説明する。

『論語・憲問』には、南宮适が孔子に国の統治について教えてもらったという記述があった。興味深いことに、南宮适は率直な質問をせず、よく知られている歴史をいくつか述べていただけだった。

弓の名人・羿と力持ちの奡がいて、二人とも勇敢で超人的な武人であり、卓越した戦績の持ち主だったが、良き最期を遂げられず、悲惨なままこの世を去った。羿は有窮国の主君であり、夏を滅ぼして玉座を簒奪したが、義子の寒浞に殺されてしまった。奡は寒浞の子であり、寒浞は羿を殺して夏を簒奪したが、その政権は不義の手段によって得られたので、その子・奡は比べる者がいない程の強い力の持ち主だったが、敗亡の命運から逃れることができず、親子ともに夏朝の末裔・少康に殺されてしまった。その一方で、黄河の治水を成功させた大禹と民に農業を教えた後稷は最終に天下を得て、聖者になった、と南宮適の話はこれで終わり、孔子は黙って返答しなかった。南宮適が去ったあと、孔子は「君子よ、この人は君子だ」と感嘆した。

孔子に君子と称えられた者がもう一人、子賤だ。姓は賤、名は不斉、子賤は彼の字で、魯国の人だ。司馬遷は子賤が孔子より三十歳年下、『孔子家語』では子賤が孔子より四十九歳年下と言っていた。子賤の道徳修養の高さは、これに比肩する者が少ない。彼はかつて「単父宰」を務めたことがあり、今日の山東単県の県長に相当する。彼は「無為而治」の方法で地方を治め、驚くべき成果を収めた。子賤は、仁愛と知恵のある人で、琴を上手に弾き、その特技を生かして教化を進め、毎日ただ琴を弾いて楽しみ、音楽の力で人の心を感化させ、民衆の行為を規範化させ、民衆を善に導く、「琴を鳴らして治める」政治家だという。実は、子賤がやっていたのは人々の表面に見られるものをはるかに超えた。彼は、賦役を軽減し、貧困を扶助し、有能な人材を推挙し、凡庸の人を退け、実際の行動で廉潔な執政方法を確立し、民心を勝ち取った。孔子は、彼を君子と呼ぶだけではなく、子安の道徳才能は堯舜に匹敵し、より大きな責任を負い、より大きなところを治めることができると考え、「君子哉若人。魯無君子者、斯焉取斯（君子なるかな、若き人。魯に君子なかりせば、斯れ焉くにか斯れを取らん）」（『論語・公冶長』）という。孔子はここで、子賤という人は本当に君子だ。誰が魯国に君子はいないと言ったのか。もし魯国に君子がなければ、子賤はどこから来たのか、と言った。

以上の二例は、国をどう治めるかを説明していたのだが、ここから私たちは生き生きとした「君子」の像を見えた。「君子」という言葉は『論語』の中で一〇七回も現れたが、清末、民国初期の学者・辜鴻銘は「孔子のすべての哲学体系と道徳の教えは一言にまとめることができて、即ち君子の道である」と述べていた。儒家思想の中で最も代表的な君子に対する記述はどれらがあったか。

一　仁者愛人

『論語』では「仁」が五十八章、一〇五回に渡って論じられていた。その中で孔子の弟子が「仁」を尋ねたところは九か所だったが、孔子の答えは毎回違っていた。人々は疑問に思うだろう。どうして毎回答えが違うのか。孔子の言う「仁」には定説があるのだろうか。我々は彼が子貢や曽子に語った「予一以貫之」に見られるように、孔子は彼の推し崇める「仁」に対してずっと一致した見解を持っていて、ただ彼は多方面から論述しただけだ。文献によると、「仁」や「仁人」という言葉は、西周人によって作られたと断定できる。「仁」の字はもともと二人が愛し合ったことに由来する。「仁人」

は王朝や封国（土地を諸侯に分け与える）が強固な統治秩序を築くのに不可欠だった。「仁」の意味を「愛人」とし、仁愛の理論を立てたのは孔子からだ。「仁者愛人」という四文字は「仁」に対する高度な要約だ。孔子は「愛人」は近くから遠くに行くべきで、まず「親親（自分の親友を愛する）」こと、「入則孝、出則悌（弟子入りては則ち孝、出でては則ち弟」こと、そしてはじめて「泛愛衆（広く人々を愛する）」ことができる。このように、「孝悌」は仁の本だ。つまり、人間として、家で両親に孝行をしたり、兄を尊敬したりすることができてこそ、尊大なことはできないのだ。孔子はすべての学生の中で、顔回だけが仁者だと思っていた。下の話は、顔回が仁者になった理由を探ってくれるかもしれない。

ある日、孔子の弟子である子路、子貢、顔回の三人が孔子の旅に同行し、魯国国境の農山を訪れた。山のふもとは肥沃な土地だが、耕作していないので、雑草が一面に生えている。魯国の国勢が衰えたため、しばしば強力な斉、楚などに侵された。農山のふもとのこの土地はちょうど魯国と斉、楚などの国境地帯であり、ここから斉、楚に行くこともできれば、斉と楚もここから魯国に侵入することができた。孔子は、豊かな土地が三国の境にあって荒廃したことを残念に思った。彼はため息をついて「三人でそれぞれの考えを話して聞かせてくれ」と言った。子路は武将であり、先生の言葉が終わったばかりで、彼は待ちきれないように答えた。「私は魯国を守る責任を負いたい。敵の軍隊がここから侵入すると、私は威武の軍服を着て、戦旗を高く掲げ、角笛を吹き始め、戦鼓を叩きならし、軍隊を率いて敵に向かって突進し、敵を殺して彼らの帥旗を奪い、そして勝ちに乗じて前進して魯国の国土を拡大させ、魯国を強大にさせるべく」と激高した「演説」が終わった後、子路はまた誇らしげに「これは僕にしかできない。子貢と顔回、お前たちは俺の後について手柄を立てよう」と言った。「誠なる武将だ」と、孔子は何の表情もなく、ただ淡々と言った。

続いて子貢は、「この地は立派な戦場であり、斉、楚などの軍隊はここに陣を張って魯を攻撃し、魯の軍隊も陣を張ってここで応戦する。戦鼓はすでに叩いて軍隊は互いに対峙し、戦争が一触即発だという時には、私は外交官の白い礼服を着て、斉楚陣営の前で彼らを説得し、利害を明らかにして彼らを戦わずに退くさせる。そうしてこそ、魯国を救うことができる。子路と顔回は、俺についてくればいい」と答えたが、「実に雄弁な外交家だ」と孔子は変わらず平然と評した。

最後は顔回の番だが、彼は横に退いて黙っていた。孔子が何度も励ました後、やっと彼は「私は魯国に賢明な国の君主がいることを望んで、私に彼を補佐させ、教化を行い、礼儀を宣伝し、良好な社会の気風を提唱し、魯国を隆盛させ、隣国と仲良くさせる。民を労わずに城を築いて敵を防ぎ、刀剣を農具に変え、牛馬をこの肥沃な土地で自由に働かせる。いつまでたっても戦争はないし、それぞれの男が戦争で別れていくこともない。子路の勇武はもはや無用で、子貢の雄弁な舌はもはや発揮するところがない。あの時天下は既に太平だったから」と言った。孔子は耳を澄まし、顔回の描写した景色に酔い、感動した。しばらくして彼はやっと厳粛に「これはどんなにすばらしい前景、どんなに崇高な道徳理想か」と称賛した。

このお話の中で子路、子貢、顔回はいずれも国家に対する責任と彼らの理想を語り、それぞれ視角は異なるけれども、各自の視点は儒家の価値観を体現していたので、孔子はすべてを肯定した。しかし孔子は、儒家の理論を最も正確に理解したのは顔回だけだと考え、なぜ孔子が顔回をこれほど高く評価したのかがわかる。

では、どうすれば仁愛の人になれるのでしょうか？孔子は「己欲立而立人、己欲達而達人。能近取譬、可謂仁之方也已（夫れ仁者は、己立たんと欲して人を立て、己達せんと欲して人を達す。能く近く譬を取る）」（『論語・雍也』）と言った。つまり、自分が何か功績を樹立したいと思ったら、他の人にも何か功績を樹立してもらいたい。あなた自身が理想を実現したいのであれば、他の人も理想を実現したい。身近なことから始め、人の身になって推し量ることができるのが、仁を実践する方法だ。結局、孔子からすれば、仁は人間の根本であり、第一に位置しており、親友を愛してから人々、そして天下へと親しむことだ。『論語・泰伯』では「君子篤於親則民興於仁（君子、親に篤ければ、則ち民仁に興る）」という。君子が父母を厚遇すると、民衆は見習うようになり、これによって仁愛と和やかな社会風潮が形成される。愛の心を推し進め、花・鳥・虫・魚や草木・動物、そして山や川、季節を愛するかのように、大きな愛で果てしなく人を愛することで物を愛する。『孟子・尽心上』では「仁民而愛物（民に仁して物を愛す）」「仁者無不愛也（仁者は本来愛さないものはない）」という。このような人を愛してから物、すべてを愛する心は、君子の人格を構成する道徳の基礎ともいうべきものだ。孔子が置かれた「礼崩楽壊（封建的な礼儀規範が破壊された）」の時代は、社会秩序が混乱していた。深刻な社会危機に直面した各派は、社会の欠点を解決するよい方法を探し求めていたが、道家は無為而治（無為をして治める）を救世の方とし、墨家は兼愛（博愛）非攻（侵略しない）を平乱（反乱・暴動などを平定する）の術とした。孔子を代表とする儒家は、社会秩序を維持するためには、周王朝が建てた一連の礼儀規範を回復しなければならない、すなわち「復礼（礼の道に立ち返る）」と考えた。どのように「復礼」するか？孔子は強制的な手段だけでは効果がないと感じた。当時、諸侯が割拠し、周の天子の威儀は失われていたため、そこで孔子は「人而不仁、如礼何？人而不仁、如楽何？（人にして不仁ならば、礼を如何せん、人にして不仁ならば、楽を如何せん）」（『論語・八佾』）と創造的に「仁」で「礼」を解釈した。「仁」がなければ、「礼」はない。「礼」を復活させるためには、「仁」から始めなければならない。「礼」が孔子思想の出発点であるとするならば、「仁」は孔子思想の核心だ。

二　如其礼楽、以俟君子（其の礼楽の如きは、以て君子を俟たん）

君子の人格的行為の規範は「礼」にある。礼とは、古代の祭りで神に幸福を祈る儀式であり、「礼儀」や「儀礼」とも呼ぶ。このような儀式は厳かで規範的であり、それから社会的行動の法則や規範の意味を派生した。周の時代に礼を行った際、上品で厳粛な音楽を奏でた。このような音楽を演奏する礼儀は、「礼楽」とも言う。礼楽は模範、指導、教育、薫陶などの作用があるので、それから典章、制度、規則、文化、文明などの意味を派生した。「子路・曽皙・冉有・公西華、侍坐す。子曰く、吾一日爾より長ぜるを以って、吾を以ってすること毋きなり。居らば則ち曰く、吾を知らざるなりと。如し或ひは爾を知らば、則ち何を以ってせんや。子路・曾晳・冉有・公西華侍坐す。子曰く、吾一日爾より長ぜるを以て、吾を以てすること毋れ。居りては則ち曰く、吾を知らざるなり、と。如し或いは爾を知らば、則ち何を以てせんや。子路、率爾として対えて曰く、千乗の国、大国の間に摂まれ、之に加うるに師旅を以てし、之に因るに饑饉を以てす。由や之を為め、三年に及ぶ比おい、勇有りて且つ方を知らしむべきなり。夫子、之を哂う。求、爾は何如。対えて曰く、方六七十、如しくは五六十、求や之を為め、三年に及ぶ比おい、民を足らしむべし。其の礼楽のごときは、以て君子を俟たん」という一節は、『論語』の中でも最も重要でありなおかつ有名な話の一つだ。紙幅に限りがあるので、「其の礼楽のごときは、以て君子を俟たん」の一言に注釈をつけると、「行為規範と道徳精神の構築となると、私はそのがらではないので、教養や徳の高い立派な君子の力にまたなければならない」という意味だ。

君子の学識・教養はどのようにして得られたのだか？孔子は「君子博学於文、約之以礼、亦可以弗畔矣夫（君子は博く文を学び、これを約するに礼を以てすれば、亦た以て畔かざるべし）」（『論語・雍也』と素晴らしい一言でまとめていた。「畔」の意味は「背」（違反）であり、「弗畔」は、決して違反することはない。何を違反しないというのか。それは孔子が言った「七十而从心所欲不逾矩（七十にして心の欲する所に従って矩を踰えず）」の「矩《のり》」だ。矩とは何か？孔子は「君子懐刑、小人懐恵（君子は刑を懐い、小人は恵を懐う）」（『論語・裏仁』）と述べた。君子が関心を持っているのは法秩序であり、前に述べた「仁」と「義」だ。孔子の考えでは、「七十にして心の欲する所に従って矩を踰えず」

というのは比較的に高い人生の境界だ。これは道徳の自律がすでに個人の内心からの要求になってお
り、いかなる外部の社会規範も自分を束縛する必要はないことを意味する。もちろん、孔子が七十歳
になったら、自分の好きなようにしても、仁義に反しないようになったが、一般的な博識君子は、「約
之以礼」すなわち礼の律儀によって、仁義に反しないようにする必要がある。孔子が弟子に「広く学
問を修めて道理を知る」の後に「博学を約するに礼を以て」ことを忘れないように求めたのは、当時
の学者が「博学」を誇り、個人の手柄をひけらかす現象と関係があるかもしれない。「知者不博、博
者不知（知る者は博からず、博き者は知らず）」と老子はこのような不良現象を指摘した。「博」だか
ら、逆に岐路に立たされた。孔子はそれを考慮し、「博学を礼によってまとめて実行する」を提出し、
君子の標準の一つとした。孔子は「君子不器」とも言った。この言葉には二つの意味がある。まず、
孔子は君子は視野が広く、多種の技能を身につけるべきだと考えていた。次に、教養や徳の高い立派
な君子として、人生の大きな道理と物事の本質的な規則を把握できるので、どんなことをしてもすぐ
に精通でき、多くの職業に従事でき、多くの方面で成功することができる。さらに重要なのは、職業
としての能力以外に、精神の質の面でも高い境地があることだ。

君子の行為規範についてはまだ多くのことがあるが、小人が考えるのは恩恵、小利だ。『論語・季氏』
によると、君子には九つの思うべき事があると孔子が言った。見るときははっきり見る、聞くときは
しっかりと聞く、顔つきはおだやかに、態度はうやうやしく、言葉は誠実で、仕事には慎重、疑問は質し、
怒りにはあとの面倒を思い、利益を前にしては道義を思う。孔子が説いた「君子の九思」は、多くの

古代の読書人に立身の準則とされた。この九項目の準則は、賢明、勤勉、儒雅、正直を備えた古代読書人のイメージを作り上げた。また、儒家は「君子」に対して更に多くの規範と要求があり、例えば君子は妄動せず、行動すれば必ず道理がある。君子は不実な言葉を言わない、言葉には必ず理を伴う。君子は貪欲にならず、追求は必ず「義」にかなう。君子は行動をむだにしない、行為は必ず正道にかなう。

三　義……君子人格の価値尺度

孔子は、君子がまた義を貴とすべきだと考えていた。義とは何か?甲骨文の「義」は牛や羊を刀で屠殺し、祭祀する二つの意味をあわせた会意文字だ。古代においては、家畜を殺して祭祀することは、必ず行われなければならない重大なことであり、これによって正当、合理的、公正な、正義または公益的な道理、行動などと解釈された。現代中国の哲学研究者・馮友蘭は、『中国哲学之精神』という本の中で、「道徳面の当然さ、無条件の当然さ、つまり義」と言った。字源からすると、義・宜・誼は同源であり、古代の典籍ではよく通用した。先秦の諸子はほとんど誰でも口から義を離れず、中でも孟子の釈義は最も詳しく、精辟であり、『論語』も二十四回にわたり義を論じていた。君子行為の基本的な価値尺度は、義だ。孔子は人が正当な利益を求める権利があることを否定しないが、人が利益の追求に対して必ず正当性の要求に合致すると強調した。「求めてはいけない」ということは、つまり不義の行為だ。『論語・述而』では「不義而富且貴、於我如浮雲（不義にして富みかつ貴きは浮雲の如し）」という。義に反することは、いくら有利でもするべきではない。『論語・里仁』では、「財産と地位は、人が欲しがるものだ。筋の通った方法でないなら、もし手に入れても長くは続かない。貧困と低身分は、人が嫌がるものだ。筋の通った方法でないなら、もし陥っても抜け出せない。諸君は仁の情けを捨てて、どこで名声を得ようというのか」という。孔子は自分の政治主張を普及するために、多くの苦しみを経験し、飢えることさえあった。しかし、孔子は栄耀栄華のために自らの志を忘れようとせず、そして貧困で倒れそうになりながらも自らの追求を変えようとせず、人としての守るべきものを守り通し、偉大な勇気と根気を見せつけた。だからこそ、彼は多くの人から尊敬されているのだ。人々は彼の博大精深な思想に感服しただけでなく、更に彼の人格の魅力に感動した。

孟子は「五倫」を提唱した。「義」の字は『孟子』全書に一〇八回出現した。孟子は仁・義・礼・智という「四徳」を提出した。「仁」を第一位に挙げたのは、孔子思想の継承と発揚であり、「礼」を首位から三位に降格したのは、周代が尊崇した「礼」の退陣を示していた。「智」を徳の一つとしたのも、孔子の智・仁・勇の「三達徳」への継承だ。孟子は「四徳」が人の「心」に由来したと考え、「惻隠之心、仁之端也。羞辱之心、義之端也。辞譲之心、礼之端也。是非之心、智之端也（惻隠の心は、仁の端なり。羞悪の心は、義の端なり。辞譲の心は、礼の端なり。是非の心は、智の端なり）」と提出した。彼は「無惻隠之心、非人也。無羞悪之心、非人也。無辞譲之心、非人也。無是非之心、非人也（惻隠の心無きは人に非ざるなり。羞悪の心無きは、人に非ざるなり。辭譲の心無きは人に非ざるなり。是非の心無きは人に非ざるなり)」と考え、「四心」があるかどうかは人と禽獣の区別だ。彼はまた、「富貴不能淫、貧賤不能移、威武不能屈（富貴も淫するあたわず、貧賤も移すあたわず、威武も屈するあたわず)」という「大丈夫（立派な男)」の人格と気節の基準を掲げ、中国人の独立的な意志と人格の形成、中華道徳精神の確立に対してずっと重要な役割を果たしてきた。

四　知……君子の人格・態度

知と智は語源が同じだ。先秦の書物では、知と智は通用だった（下の図を参照)。

知には知識、知、知る、理解、記憶、把握などの意味があり、判断、聡明さ、知謀、知恵などの意味もある。その後、専らの「智」が現れ、「知」と「智」の二文字が分業された。『論語』には「知」が百十六回も登場していたが、そのうち二十五回は「智」の代わりに現れていた。知は君子の構成要素の一つであり、最も基礎的な要素でもある。孔子は子路に、人間には仁、知、信、直、勇、剛という六種類の徳があり、また愚、蕩、賊、嵌、乱、狂とい

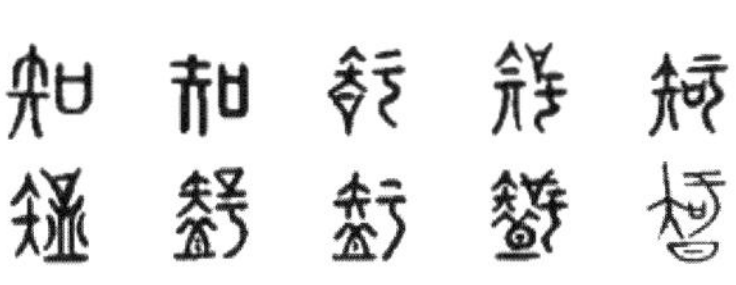

う六種類の弊害があると言った。仁徳を愛するが、学問を愛さないと、人に翻弄されやすい。よくずる賢くて、しかし学問を愛さないと、弊害は放蕩して基礎がないことだ。真面目だけど、学問を愛さないと、人に利用されてかえって自分に害を与えてしまう。率直を愛するが、学問を愛さないと、話は鋭くて人の心を傷つける。勇敢を愛するが、学問を愛さないと、トラブルを起こしやすい。気が強いが、学問を愛さないと、大胆で身の程を知らない。君子は知識や学問を基礎にしなければ、行為に偏りが生じ、良い道徳の形成と向上は難しいだ。だから、儒教思想の中で知識教育も道徳教育の範疇に入れられていた。

では、どうやって「知」を得るのか。「知」に対しては実事求是の態度を持たねばならない。孔子は「知之為知之、不知為不知、是知也（これをしるをこれをしるとなし、しらざるをしらずとなす。これしるなり）」という名言を残していた。孔子の言葉は現実的な生活の中で多くの人の通患を物語っている。独りよがりで、盲目的に尊大で、メンツと虚栄を愛し、自分が知らない、分からないところがあることを認めたくない。聡明に見えて、実際に愚かだ。人生とは短く、知識の海原は深く広い。有限の命が無限なる知識の濁流に向かい合おうならば、絶えず積み重ね、自らの知らぬ物事に真摯なり絶えず得ていくしかない。このような誠実な態度を真の聡明さと呼ぶ。そのほか、勉強が好きで学問に熱心する精神が必要だ。どうすれば勉学することができるか。孔子は、勉学にいそしむ人は、食・住をあまり気にする必要はない。重要なのは仕事に勤勉で、言葉に慎み、道徳・学問のある人に学んで、これはやっと学びやすくなることだ。勉学だけでは不十分で、更に学問を楽しむべきだ。彼は「知之者不如好之者、好之者不如樂之者（これを知る者はこれを好む者には及ばない。これを好む者はこれを楽しむ者には及ばない）」と言った。学問を楽しみとする人は強い勉学の心を持っており、学習に深く興味があり、名利に誘惑されることはなく、飢えや寒さの脅威を頭から度外視する。孔子の弟子の中で、顔回はそういう人だった。顔回（紀元前五二一年〜紀元前四八一年）、回は名（諱）。字は子淵。春秋時代の魯国の人、最も孔子に愛された弟子。『論語・雍也』によれば、「一簞食、一瓢飲、在陋巷、人不堪其憂、回也不改其楽（一簞の食、一瓢の飲、陋巷に在り。人はその憂いに堪えず。回やその楽しみを改めず）」と、顔回は簡単な食事を食べ、粗末な家屋に住み、他人が我慢できない環境の中で、顔回は勉学の楽しみを変えようとしなかった。顔回は精神的な完璧を求めていたので、物質的な貧困はまったく気にしていなかった。顔回は謙虚で勉強好きで、先生を非常に尊敬し、孔子に対して何事も従い、不快な言葉もなく、すぐれた徳行で知られ、孔子は「賢哉回也」と絶賛した。孔子が顔回を賛美したのは、彼が生活の貧困に耐えられるからではなく、彼が貧困で自分を磨いているからでもない。彼が賛美したのは顔回の精神——自分の理想のために、絶えず追求して、そのために清貧な生活を送ってもかまわない。

漢代から、顔回は七十二賢の第一位に数えられ、孔子を祭るときに顔回のみで合祭することもある。その後、歴代の統治者は次々と諡号を追贈した。唐の太宗が「先師」、唐の玄宗が「兗公」、宋の真宗が「兗国公」と改封され、元の文宗は「兗国復聖公」と称され、明の嘉靖九年に「復聖」と改称された。山東省曲阜市には「復聖廟」もある。

君子の意味合いに近いその他の表現

一　大丈夫（立派な男）

古くから長く続いている中国の教育史において、どのような人材を養成するかについて、「君子」という言葉が深く影響していたが、それ以外にも孔子の教育目標についての記述、例えば士、君子、士君子、君子儒、聖人などがある。孟子が最も賞賛した人物像は大丈夫だ。孟子には景春という学生がいて彼は「公孫衍と張儀が本当の大丈夫ではないか」と孟子に問うた。孟子は「彼らがどうして大丈夫と呼べようか。天下の広居に居り、天下の正位に立ち、天下の大道を行ふ。志を得れば民と之れに由り、志を得ざれば独り其の道を行ふ。富貴も淫する能はず、貧賤も移す能はず、威武も屈する能はず。此れを之れ大丈夫と謂ふ）」（『孟子・滕文公下』）と言った。朱熹の『孟子集注』では「広居、仁也。正位、礼也。大道、義也」「与民由之、推其所得於人也。独行其道、守其所得於己也」「淫、蕩其心也。移、変其節也。屈、挫其志也」という。この言葉はこのような大丈夫の姿を描いた。彼らは天下一広い住宅に住み、天下一正確な位置に立ち、天下一光り輝く大きな道を歩く。志を得た時、すぐに庶民といっしょに前進する。志を得ない時は、一人で自分の原則を堅持し、自分の身を守る。富貴は私を驕らせず、貧困や卑しさも自分の節操を改めず、威武は意志を屈服させることができない。

これで大丈夫だよ。短い言葉だが、意味合いは十分に豊かだ。

まず、大丈夫なる者は仁、礼、義という儒家の最も主要な道徳規範を核心とすべきだ。人の道徳、操守、人の価値、人の尊厳の高貴さを信じる。一人がもしその赤子（生まれたばかりの子）の心を失わないことができるならば、人の道徳・良心は千古不滅であり、世界で最も貴重なものは、自身に内在した人の道徳品質と精神の境界であり、これらの内在的な精神財産の価値は、外在的な物質・財産と権力・地位よりはるかに高いだ。

第二に、大丈夫なら「剛毅不抜」の精神がある。ここの「剛」は威張ではなく、生意気ではなく、厳格な「克己（自分を抑制する）」だ。『孟子・離婁上』では、「愛人不親、反其仁。治人不治、反其智。禮人不答、反其敬。行有不得者、皆反求諸己（人を愛して親しまれずんば、其の仁に反れ。人を治めて治まらずんば、其の智に反れ。人を禮して答へられずんば、其の敬に反れ。行うて得ざる者有れば、皆諸を己に反求す）という。

第三に、大丈夫なる者は余裕と楽しみのある生き方をしなければならない。孟子は「父母倶存、兄弟無故、一楽也。仰不愧於天、俯不怍於人、二楽也。得天下英才而教育之、三楽也。君子有三楽、而王天下不与存焉（君子に三楽有り。父母倶に存し、兄弟故なきは一の楽しみなり。仰いで天に愧じず、俯して人にはじざるは二の楽しみなり。天下の英才を得て、之を教育するは、三の楽しみなり。君子に三楽あり。而して天下に王たるは与り存せず）」と言った。『孟子・尽心上』では「万物皆備於我矣。反身而誠、楽莫大焉。強恕而行、求仁莫近焉（万物は、ことごとく我に備わっているのだ。自らの身を反省して誠であれば、これほど大きな楽しみはない。恕の心を努めて行動すれば、仁を求めるのにこれほど近い道はない）」という。北宋の思想家程顥に『秋日偶成』という詩があり、儒家のこのような楽天知命の境地を描き出し、我々が孟子の大丈夫なる者の「楽」をよく理解に非常に役に立つ。

閑来無事不従容（閑来《かんらい》事として従容たらざるは無し）
睡覚東窓日已紅（睡《ねむり》覚むれば東窓《とうそう》日已に紅《くれない》なり）
万物静観皆自得（万物静観すれば　皆自得《じとく》）
四時佳興与人同（四時の佳興《かきょう》人と同じ）
道通天地有形外（道は通ず　天地有形の外《ほか》）
思入風雲変態中（思いは入《い》る　風雲変態の中《うち》）
富貴不淫貧賤楽（富貴にして淫せず　貧賤にして楽しむ）
男児到此是豪雄（男児《だんじ》此《ここ》に到らば　是れ豪雄）

（『二程集』、中華書局一九八一年版、四八二頁）

最後に「大丈夫なる者」はどのように鍛えられたのだろうか。孟子は典型的な主観的唯心主義者で、一切の力は人の本心に源を発し、不断の修業と養生を経て、自身に内在する「良識」「良能（天賦）」

と相応の力を掘り出すことができると考えた。この精神力は孟子の「浩然の気」に表現されている。何が「浩然の気」だか、孟子自身でも説明が難しいが、『孟子・公孫醜上』では「其為気也、至大至剛、以直養而無害、則塞於天地之間。其為気也、配義与道。無是、餒也（其の気為るや、至大至剛、直を以て養うて害する無ければ、則ち天地の間に塞がる。其の気為るや、義と道とに配し、是れ無ければ餒う）」という。この「気」の力は計り知れない。それは、心外な偶然に得たものではなく、長期にわたって蓄積された道徳的教養に由来する。それは「義と道を合わせて」でなければ力がない。浩然の気は、信念に導かれた感情と意志が混ざった心理状態と精神境界であり、純然たる正気でもある。孟子は、このような「浩然の気」があれば、堂々たる気概を持つ「大丈夫」と言えると考えていた。

二　大儒、成人そして聖人

荀子はしばしば「君子」についても言及していたが、彼がより崇高だと考えていたのは「大儒」「成人」と「聖人」だ。荀子は『儒効』の中で、儒者を、俗儒、雅儒、大儒の三段階に分かった。

俗儒は賤儒、腐儒、陋儒とも呼ばれ、彼らは見識が狭く、つまらない学者であり、権力者にこびへつらう。

雅儒は「尊賢畏法（賢さを尊び法を畏れる）」ができ、「暗上」も「疾下」ではなく、革新的な進取が足りないが、自らを欺きたくない。

大儒は広い学識を持つ優れた学者で、優れた理論素養を有し、また確固とした意志と信念を有している。

荀子は『勧学』の中で、「……権利不能傾也、群衆不能移也、天下不能蕩也。生乎由是、死乎由是、夫是之謂徳操、徳操然後能定、能定然後能応。能定能応、夫是之謂成人」という「成人」の完璧な人格を提出した。徳操（誠実）は「成人」の前提と核心だ。権力を傾慕せず、私欲の前に邪念がなく、大勢の人に屈服せず、天下の万物はその信念を動揺させてはならず、これを生きていても死ぬまで変わらない、これは徳行と操守（自分の信念をかたく守って変えないこと）があってと言う。徳行と節操があってこそ、意志が屈しないことができる。意志が屈しないと、臨機応変にすることができる。意志が屈しなく、臨機応変ができるのは、成熟・完璧な人だ。これは孟子の「大丈夫」に似ている。

孔子・孟子も人材のレベルを論じたが、荀子の明確さ、具体性、全面性に及ばなかった。また、孔子・孟子が人材を論じた大部分は、人の仁義・品質と道徳・修養に重きを置いていたが、荀子はその上で知識レベル、思惟能力と実際の仕事能力などの重要性を強調し、特に高級の人材は知識と才能が更に重要であることを示した。例えば、聖人の特徴に関する記述には、重要な人の能力指向を含んでいた。荀子の思想において「聖人」をいくつかの面から捉えることができる。まず、聖人は道徳が完璧な人だ。荀子は『儒効』の中で「聖人者、道之極也」と言及していた。聖人は道徳が完璧な人で、是と非を測る基準だ。荀子に描かれた聖人は、天下の大道を行く鍵だ。第二に、人々は皆聖人になることができて、「塗之人可以為禹（塗の人でも禹になれるんだよ）」という。また、学習で聖になることができる。

聖人が人道の極みになったのは、彼らが人間の自然な本能を自ら改造し、抑制することができるからだ。それにかんがみて、荀子は『解蔽』篇において、認識の一面性を克服するための重要な方法論・原則を提出した。荀子は、「凡そ人の患《かん》は、一曲に蔽《おお》われて、大理に闇《くら》きことなり」「聖人は心術の患を知り、蔽塞の禍を見る。故に欲と無く悪と無く、始と無く終と無く、近と無く遠と無く、博と無く淺と無く、古と無く今と無く、萬物を兼陳《けんちん》して中に衡を縣く)」と述べた。趣味や憎悪は、視界を奪う。始あるいは終しか見えないと、目くらましになる。遠あるいは近しか見えないと、目くらましになる。古だけを知っていたり、今だけを知っていたりすると、目くらましにつながる。およそすべての物事は異なった側面があって、同じ事物と同じ側面の異なった発展段階には相違がある。だから、聖人として「百王の法を修める」ことは、「解蔽（虚像にだまされないようにする）」ことだ。

三　鴻儒（儒学の大学者）

王充は、後漢初の思想家と教育家だ。章太炎が「漢代一人」（『訄書・学変』）と彼を称した。王充の思想は非常に複雑で、その顕著な特徴は「立」ではなく「破」だ。彼が崇める人材が「鴻儒」だ。王充は儒家の教育とその異なる階層の人材の要求に対して明確な分類を行い、低いものから順に儒生、通人、文人、鴻儒となった。こうした人材の分類と異なる人材の定義から分かるように、彼は二つの顕著な傾向があった。

第一に、徳と才の兼備を重視すると同時に、彼は人材の実践能力を更に重視した。彼は「道」と「事」を明確に区別させ、実際に役立てるために学んで効果を図るべきだと考え、「事莫明於有効、論莫定於有証」（『論衡・薄葬篇』）という。彼は学習や悟道の重点を活用することに置いていた。

第二に、学習と創造の関係において、王充は特に本を書いて説を立てる創造型学術の大家である「鴻儒」を推賞した。「鴻儒」は「学問をきわめて本を著す」ことができ、そして「説を立てる」ことができ、独創的な精神と先見の明を持っている。王充はが設けた人材教育目標は、人の柔軟性・融通性を高め、実際に儒学を絶えず創造と発展の軌道に導いた。王充の懐疑・批判精神は中国古代の学風に最も欠けていたといえる。懐疑と批判の精神は一種の能力であり、更に一種の思惟方式であり、教育と学術の創造と発展に不可欠な重要な要素だ。

四　醇儒（孔子の教えを純粋に修めた学者）

南宋の理学者・朱熹は、数多なる学術分野に深い造詣があり、宋明理学の代表的な人物だ。宋明理学は宇宙論と本体論を基礎とし、中心論を核心とし、聖賢の境地を人格として追求する学術思潮と思想流派だ。朱熹は、教育の根本的な目的が「身を処する」を教えることだと考えた。上は帝王、賢人、下は愚民、怠け者まで、すべて教育から着手し、彼らを「醇儒」にならなければならないと思っていた。「醇儒」は朱熹の理想的な培養目標だ。「醇儒」とは何か。彼の考えでは、個体の人間が社会と社会規範に対する簡単なアイデンティティーを持つだけではなく、これを基礎として、内在性の自己超越（以前の自身を超えていくこと）と自己実現をし、それによって高度の自覚と高度の自由な精神の境界に達することを更に強調し、これは彼の言う「醇儒の境界」だ。このような境界を達成した個人は、己一人の小我という局部的な制限を突破し、社会の大我、天地の大我と一体になった。この意味から言えば、それは「天人合一」で、つまり人と自然、主体と客体の有機的統一の境界を実現した。

五　完人、超人

朱熹と同時代の南宋の思想家、教育家である陸九淵は、「完人」「超人」の教育目標を提出した。陸九淵は明理、立心、自主を提唱し、最後に「まともな人間になる」に至った。まともな人間になるには二つの意味がある。一つは倫理道徳の「完人」すなわち聖賢・君子だ。教育の目的は、学生が立派な人間としてふるまう道理を学び、まともな人間を育成することだ。第二に、教育の最高の境地は、独立したスーパーマン、即ち「天地の心」を体現する主宰者だ。道理に通じて考えを決め、自我を発展させ、万物に君臨し、世界の本体たる「心」を体現する超然とした人間となる。いわゆる「スーパーマン」は、聖人の人格があるだけではなく、独創的な精神の風貌を求めなければならない。「自分こそがふさわしい」という高度な使命感を持っているだけでなく、自由で堂々とした精神力も必要だ。『陸九淵集・語録下』では「激励奮迅、決破羅網、焚焼荊棘、蕩夷汙沢」という。彼は儒者・君子の謙譲伝統に逆らって、スーパーマンを自任し、「仰首攀南闘、翻身倚北辰、挙頭天外望、無我這般人」「我無事時、只似一個全無知無能底人。及事至方出来、又似個無所不知、無所不能之人」(『陸九淵集・語録(下)』)と言った。

以上の教育目標に関する概括は、中国古代の人々の精神生活に対する体得と理解を反映し、儒家の主体性人格に対する尊重と追求を体現していた。

「学」とは何か

教育は生粋の「現代」概念であり、中国古代の学術思想では「教育」という言葉はあまり使われていなかった。一般的に、「教」「育」の二字はそれぞれ独立した意味を持っており、結びついていない。『孟子・尽心上』に「得天下英才而教育之、三楽也(天下の英才を得て、之を教育するは、三楽なり)」という一節がある。『説文解字』の解釈によると、教とは、上でお手本を示し、下で真似をすることだ。育とは、子孫を育ててより多くの善行をさせることだ。ここでは連用にもかかわらず、二つの異なる意味を表しており、人を育成する活動の固有名詞ではない。「教育」は十九世紀末、二十世紀初頭になって初めて概念化された。さて、それまでの数千年の間に、中国の学者は教育のような問題を論じる際にどのような言葉を使っていたのだろうか。この言葉の意味は何だか。近代になってどうして「教育」という言葉を選んで西洋の教育著作を翻訳するのか。

中華民族は悠久の歴史と輝かしい文明を持っていて、教育の歴史と伝統も同様に重厚で豊かで、古代の思想家は「教育」の言葉ではなくて、「教」と「学」という二つの単語を多用したが、両者を比較すると「学」が多かった。

一 「学」の意義

「学」は二字以上の漢字の字形・意味を合わせて作られた会意文字で、甲骨文の上部は左右両腕を網結（網を編む）した形で、「網結は複雑な技能で、伝授しなければ得られない」ということで、すなわち「学」は獲得の意味だ。金文（中国古代、特に殷周時代の青銅器に刻まれた文字）の「学」については、上部が左右の手で、中央の「爻」が雑草を表し、下部が子供であることを合わせて、頭の上の「雑草」を手で取り除き、賢くするという意味で「人を賢くする」という意味になるという説がある。この二つの解釈を総合すると、「学」は「知識・経験を得て、人生の知恵を啓発する」という意味になると考えられる。『礼記・王制』には、「殷曰学、学者、覚也、覚民者、所以反其質、故曰学」という節がある。つまり、「学」とは「自覚」であり、自覚させることは、彼をもとの本性に戻すことだ。

関連する思想資料によると、著者らは「学」の意義を以下のように要約した。

第一に、「学」は人生の知恵を啓発するためにある。これは目的でもあり、内容でもあり、両者の統一だ。「学」は単に知識を獲得するためだけではなく、更に主要なのはどのように身を処することを学んで、徳の高尚な人になる。

第二に、「学」の態度は勤勉で楽しく学び、つまり「発憤忘食、楽以忘憂、不知老之将至（憤りを発して食を忘れ、楽しみて以て憂いを忘れ、老いの将《まさ》に至らんとするを知らざるのみ）」（『論語・述而』）なのだ。

第三に、「学」の方法について、「学」は自分でやるのが根本的な方法だ。「学」は個人の自覚にあり、孔子はそれを「為人由己」（『論語・顔元』）と要約した。

第四に、「学」は必ず長期にわたって堅持し、これは「学」のための基本的な前提だ。昔の人は「根気がある」ことを強調し、「一心不乱」を強調し、「工夫」を強調した。「学」の最高の境地は「聖人」「君子」になることだ。

以上の「学」に関する概論は不完全だが、このことを通して「学」の真髄とは何たるかを知ったはずだ。つまり、「学」の対象は、限られた物質世界、知識世界ではなく、無限な道徳世界だ。これは「学」の追求が個体の局部的心智の発展ではなくて、全体の人生と生活の世界の構築だ。このように、「学」は純粋な理性への依存ではなく、人間の内在的な世界と外在的な世界全体の関わりへの依存だ。

二　「学」の機構

「学」は中国古代の教育機関の名称でもある。例えば、「大学（右学）」「小学（左学）」「国学」「郷学」「官学」「私学」「太学」「社学」など。

三　教と学の関係性

「教」も二字以上の漢字の字形・意味を合わせて作られた会意文字であり、例えば下の図。

「教」字の左下は子供、左上は鞭で打たれたシンボルマーク、右隣は鞭を持った人という意味を合わせて、鞭で文化を学ばせようという意味に解釈される。このように、「教」は学習者に文化を注ぎ込むことに他ならず、強制的な手段を使っていることがわかる。また、「教」は「見習う」あるいは「学ぶ」の義釈とすることができるが、この場合は「学」に起源する。『尚書・説命』に「学学半（半学半教）」（前の「学」字を斆と読む）というフレーズがあるが、この二つの単語の関係を説明した。つまり、語源から見ると、「教」「学」の二文字は「学」を基本、核心としている。昔の人は人の発展問題を論ずる時も大抵「学」

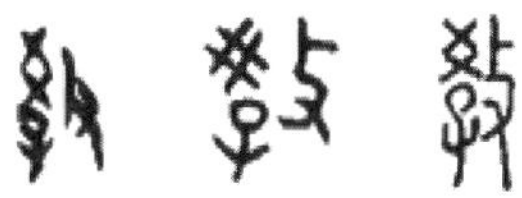

甲骨文　　金文　　小篆

の論述を通じて自己の主張を述べた。例えば、『学記』では、「発慮憲、求善良、足以謏聞、不足以動衆。就賢体遠、足以動衆、未足以化民。君子如欲化民成俗、其必由学乎（慮を発すこと憲あり、善良を求むるは、以て小聞するに足るも、以て衆を動かすに足らず。賢に就き遠きを體するは、以て衆を動かすに足れども、未だ以て民を化するに足らず。君子如し民を化し俗を成さんと欲せば、其れ必ず、學に由るか）」「玉不琢、不成器。人不学、不知道（道＝儒家の道）。是故古之王者建国君民、教学為先（玉磨かざれば器をなさず、人学ばざれば道を知らず。是の故に古の王者、国を建て民に君たるに、教学を先と為す」という。現代に認められている古代教育名著の書名から見ても、『礼記』の中の『大学』、荀子の『勧学』、唐代韓癒の『進学解』など、古代で「教」を論ずる際に、ほとんどが「学」を論ずる形式で現れたとわかる。

十九世紀末二十世紀の初め、救国（国の危急・難儀を救う）興学（＝教育事業を興す。清末から中華人民共和国成立以前のいわゆる旧社会の言葉）のために、甲午戦争後に日本に留学した一部の中国人は日本語教育学の書籍を翻訳する仕事を始めた。日本語には「教育」と「教育学」という言葉があるため、そこで翻訳された「興学」に関する実践と理論は「教育」と「教育学」と呼ばれた。清末民初の学者・王国維が『教育世界』で、立花銑太郎の『教育学』を翻訳したものが最初とされる。清学界の影響で、朝廷の大臣や思想家の著作にも「学」と「教育」が併存し、「興学」と「普及教育」が併用されたようになり、一九〇六年、学部（清朝末期に全国の教育をつかさどる官署）は「教育趣旨」を発布した。民国から「学部」は「教育部」に改められ、「教育」という言葉は「学」に代わって教育問題研究の基本概念となった。

原典を読む

質[1]勝文[2]則野、文勝質則史[3]。文質彬彬、然後君子。（『論語・雍也』）

羿善射、奡盪舟、倶不得其死然。禹稷躬稼而有天下。夫子不答。南宮适出、子曰、君子哉若人、尚徳哉若人。（『論語・憲問』）

有子[4]曰、其為人也孝悌、而好犯上者、鮮矣。不好犯上而好作乱者、未之有也。君子務[5]本、本立而道[6]生。孝悌也者、其為仁之本与。（『論語・学而』）

1 質……人間の内在的な品質を指す。
2 文……人の外在的な文才を指す。
3 史……古代の文書をつかさどる官吏を史という。
4 有子……孔子の学生。姓は有、名は若。
5 務……する、従事する。
6 道……正しい人生観、世界観。

子曰、君子周[1]而不比[2]、小人比而不周。(『論語・為政』)

君子懐[3]徳[4]、小人懐土[5]。君子懐刑[6]、小人懐恵[7]。(『論語・裏仁』)

子曰、君子之於天下也、無適[8]也、無莫[9]也、義之与比[10]。(『論語・里仁』)

1 道義をもって人をまとめることを周という。
2 一時的に利害を共にして結託することを比という。
3 懐……考慮する、思う、心配する。
4 徳……道徳。
5 土……土地、居住地。住んでいる土地をなつかしみ、それにやすんずること。
6 刑……法制、規則。
7 恵……恩恵、利益。
8 適……適合、適応、従順、肯定。
9 莫……しない、不要、できない、否定する。
10 比……比照、根拠、適格。

君子坦[1]蕩蕩[2]、小人長戚戚[3]。(『論語・述而』)

子曰、侍於君子有三愆[4]、言未及之而言謂之躁、言及之而不言謂之隠、未見顔色而言謂之瞽。(『論語・季氏』)

君子所以異於人者、以其存心也。君子以仁存心、以礼存心。仁者愛人、有礼者敬人。愛人者、人恒愛之。敬人者、人恒敬之。有人於此、其待我以横逆、則君子必自反也。我必不仁也、必無礼也、此物奚宜至哉。其自反而仁矣、自反而有礼矣、其横逆由是也、君子必自反也。我必不忠。自反而忠矣、其横逆由[5]是也、君子曰、此亦妄人也已矣。如此、則与禽獣奚択[6]哉。於禽獣又何難[7]焉?是故君子有終身之憂、無一朝之患也。乃若所憂則有之。舜、人也。我、亦人也。舜為法於天下、可伝於後世。我由未免為郷人也、是則可憂也。

1 坦……平然、泰然、平坦。
2 蕩蕩……広遠の意。
3 戚戚……常に心配していること。
4 愆……過失。
5 朱熹の『集注』によると、横逆とは、強暴で道理にかなわないという意味である。
6 択……別れ。
7 難……非難すること。

憂之如何。如舜而已矣。若夫君子所患則亡矣。非仁無為也、非礼無行也。如有一朝之患、則君子不患矣。（『孟子・離婁下』）

君子莫大乎[1]与[2]人為善[3]。（『孟子・公孫醜上』）

惻隠之心、仁之端[4]也。羞悪之心、義之端也。辞譲之心、礼之端也。是非之心、智之端也。（『孟子・公孫醜上』）

魚、我所欲也。熊掌、亦我所欲也。二者不可兼得、舎魚而取熊掌者也。生、亦我所欲也。義、亦我所欲也。二者不可得兼、舎生而取義者也。（『孟子・告子上』）

富貴不能淫、貧賤不能移、威武不能屈、此之謂大丈夫。（『孟子・滕文公下』）

---

1 大乎……（…である）より大きい。
2 与……一緒に、他の人と一緒に。
3 為善……善行をし、良いことをする。
4 端……開始。

仁言[1]不如仁声[2]之入人深也、善政不如善教之得民也。善政民畏之、善教民愛之。善政得民財、善教得民心。（『孟子・尽心上』）

聖人也者、道之管[3]也。天下之道管是矣、百王之道一是矣、故『詩』『書』『礼』『楽』之帰是矣。（『荀子・儒効』）

君子之学也、入乎耳、箸乎心、布乎四体、形乎動静。端[4]而言、蝡[5]而動、一可以為法則。小人之学也、入乎耳、出乎口。口耳之間、則四寸耳、曷足以美七尺之軀哉。古之学者為己、今之学者為人。君子之学也、以美其身。小人之学也、以為禽犢[6]。故不問而告謂之傲[7]⑤、問一而告二謂之囋[8]⑥、傲、非也、囋、非也。君子如向矣。（『荀子・勧学』）

1　仁言……仁徳の言葉。
2　仁声……仁徳の名声。
3　管……ハブ、鍵。
4　端……「喘ぐ」と読む。軽めの言葉を意味する。
5　蝡……微細な行動。
6　禽犢……贈り物や遊びになるもの。
7　傲……「躁」の意味で、すなわちせっかちで、浮ついているという意味。
8　囋……言葉がくどいこと。

故君子不傲、不隠、不瞽、謹順[1]其身[2]。(『荀子・勧学』)

故有俗人者、有俗儒者、有雅[3]儒者、有大儒者。不学問、無正義、以富利為隆、是俗人者也。逢衣浅帯[4]、解果其冠[5]、略法先王而足乱世術。繆学雑挙[6]、不知法後王而一制度、不知隆礼義而殺『詩』『書』[7]。其衣冠行偽已同於世俗矣[8]、然而不知悪者[9]。其言議談説已無以異於墨子矣、然而明不能別。呼先王以欺愚者而求衣食焉、得委積足以掩其口、則揚揚如也。随其長子、事其便辟[10]、挙其上客、億然若

1　順……「慎」に通じる。
2　身……「人」。
3　雅……正。
4　逢……ふかふかで広い。浅帯とは、広いベルトのこと。広い帯で服を束ねるのが浅いので、浅い帯と言う。
5　解果……「蟹蜾」「蟸倮」「蟹堁」とも言う。高」の意味。この二句は彼が儒者の着用をまねたということである。「解果」は平正の意味とする説がある(兪樾『古書疑義例』巻七参照)。
6　繆……謬に通じる。挙は、前節の「挙事」の「挙」である。
7　殺……減る、下がるなど。不知隆礼義而殺『詩』『書』とは、礼義奉行を第一に置くことを知らず、『詩』『書』を読破することを副次的な立場に置くこと。先に述べた「不能隆礼」に対し「『詩』『書』」は「不免為陋儒」という趣旨に通じる。
8　偽……為に通じる。
9　者……「之」。
10　便辟……「便乗」に通じて、君主側近の寵信小臣。

終身之虜而不敢有他志。[1]是俗儒者也。法後王、一制度、隆礼義而殺『詩』『書』。其言行已有大法矣、然而明不能斉法教之所不及、聞見之所未至、[2]則知不能類也。[3]知之曰知之、不知曰不知、内不自以誣、外不自以欺、以是尊賢畏法而不敢怠傲。是雅儒者也。法先王、統礼義、一制度、以浅持博、以古持今、以一持万。苟仁義之類也、雖在鳥獣之中、若別白黒。倚物怪変、[4]所未嘗聞也、所未嘗見也、卒然起一方、[5]則挙統類而応之、無所儗怍。張法而度之、則晻然若合符節。[6]是大儒者也。故人主用俗人、則万乗之国亡。用俗儒、則万乗之国存。用雅儒、則千乗之国安。用大儒、則百里之地久、而後三年、天下為一、諸侯為臣。用万乗之国、則挙錯而定、[7]一朝而伯。[8]（『荀子・儒効』）

聖人知心術之患、見蔽塞之禍、故無欲無悪、無始無終、無近無遠、無博無浅、無古無今、兼陳万物

1　億然……ひやひやした様子。
2　斉……「済」に通じる。教とは、教令、大名の命令。聞見之所未到とは、視聴の達していない所。
3　則……即ち。知は「智」に通じる。
4　倚は「奇」に通じる。
5　卒……「猝」に通じる。
6　晻……「奄」に通じる。符節とは、昔の官吏が出入りする時に使った割り符で、木・竹・紙などの札に文字を書き、印を押して二つに割り契約の証拠とする。
7　挙錯……「措置」に通じ、措置をとる。
8　伯……「白」に通じ、名声が顕著であることを指す（王念孫の説）。

而中県衡焉。[1] 是故衆異不得相蔽以乱其倫也。[2]（『荀子・解蔽』）

通書千篇以上、万巻以下、弘暢雅閑、審定文読、[3] 而以教授為人師者、通人也。[4] 杼其義旨、[5] 損益其文句、[6] 而以上書奏記、或興論立説、結連篇章者、文人、鴻儒也。好学勤力、博聞強識、世間多有。著書表文、[7] 論説古今、万不耐一。[8]（『論衡・超奇』）

故夫能説一経者為儒生、博覧古今者為通人、采掇伝書以上書奏記者為文人、能精思著文連結篇章者為鴻儒。故儒生過俗人、通人勝儒生、文人逾通人、鴻儒超文人。故夫鴻儒、所謂超而又超者也。以

---

1 県……「懸」に通じる。掛かる。衡とは、秤、標準。県衡とは、秤で量る。一定の基準で量ること。

2 異……違い、すなわち「万物異」の「異」は、端の反対側に偏る。倫とは、条理。

3 読……読み切り、断句。

4 通人……読書が多いが、運用ができない人。

5 杼……発揮すること。

6 損益……増減すること。ここでは柔軟な引用の意味である。

7 表……露出すること。ここは書き出す意味である。

8 耐……「能」に通じる。

超之奇、退与儒生相料、文軒之比於敝車、[1]錦繡之方於藴袍也、[2]其相過遠矣。如与俗人相料、太山之巓墆、[3]長狄之項跖、[4]不足以喩。故夫丘山以土石為体、其有銅鉄、山之奇也。銅鉄既奇、或出金玉。然鴻儒、世之金玉也、奇而又奇矣。(『論衡・超奇』)

父子有親、君臣有義、夫婦有別、長幼有序、朋友有信。右五教之目。尭舜使契為司徒、敬敷五教、即此是也、学者学此而已。(『白鹿洞書院掲示』)

明徳者、人之所徳乎天、而虚霊不昧、以具衆理而応万事者也。但為気稟所拘、人欲所蔽、則有時而昏、然其本体之明則有未嘗息者。故学者当因其所発而遂明之、以復其初也。(『大学章句』)

絀去義利双行王覇並用之説、而従事於懲忿窒欲、遷善改過之事、粋然以醇儒之道自律、則豈独免於人道之禍、而其所以培壅本根、澄源正本、為異時発揮事業之地者、益光大而高明矣。(『朱文公文集』巻三十六、『答陳同甫』之四

1　軒……昔の大夫(古代の官名)以上が乗っていた小屋付きの車。文軒とは、華麗な装飾の車。
2　藴……新旧混じりの糸のこと。
3　墆……「垤」に通じる、小兎山。ここは山のふもとである。
4　長狄……伝説によると、古代の辺境地方の民族である。

人生天地間、為人自当尽人道。学者所以為学、学為人而已、非有為也。(『陸九淵集』巻三十五、『語録下』)

須思量天之所以与我者是甚底？為復是要做人否。理会得這個明白、然後方可謂之学問。(『陸九淵集』巻三十五、『語録下』)

上是天、下是地、人居其間。須是做得人、方不枉。(『陸九淵集』巻三十五、『語録下』)

我無事時、只似一個全無知無能底人。及事至方出来、又却似個無所不知、無所不能之人。激励奮迅、決破羅網、焚焼荊棘、蕩夷汙沢。(『陸九淵集』巻三十五、『語録下』)

中国古代教育家略伝

中国は古代文明国であり、多くの優れた教育者が輩出していた。彼らは輝かしい中国文化を伝播し、中国教育の宝庫を豊かにし、中華民族の発展のために歴史的な貢献をした。広い視点で見ると、彼らはどのように「身を処する」「人を育てる」、いかにして修身をし、家庭を整え、国を治め、天下を太平にさせ、教育を以てして政権を強固にさせるのかを論証した。ミクロの視点から見ると、彼らは学校教育、家庭教育と社会教育を探求し、人の道義と修身の方法を深く討論し、教育の原則と方法を研究し、豊かな独立な教育思想体系を形成した。紙面に限りがあるので、本章では代表的な教育家をいくつか挙げ、突出した思想と個性的な作品を簡単に紹介する。

「学び而して厭わず」「教え尚怠けず」の孔子

孔子は自分の一生を総括する時に「吾十有五而志於学、三十而立、四十而不惑、五十而知天命、六十而耳順、七十而心所不過矩（吾十有五にして学に志す。三十にして立つ。四十にして惑わず。

五十にして天命を知る。六十にして耳順う。七十にして心の欲する所に従えども矩を踰えず）」（『論語・為政』）と言った。彼は謙虚に「学びて厭わず、人を誨えて倦まず。何か我に有らんや」（『論語・述而』）と言ったが、彼の教育活動については、当時の時代および後世ともに高く評価されていた。孔子の弟子で十哲の一人、子貢は「学不厭、智也。教不倦、仁也。仁且智、夫子既聖矣乎（学んで厭きないのは賢いというものであり、教えて飽きないのは仁徳と云うものである。仁徳があって賢い孟先生は既に聖人の域に達している）」（『孟子・公孫丑上』）と、孔子の教育活動を称えた。孔子は政治的な抱負を持っていたが、孔子の中国史上の地位を成し遂げたのは彼の教育思想と教育活動であり、さらには後世の皇帝が絶えず彼に号を追加した。最も有名なのは、孔子を「至聖先師」「万世師表」と称したことである。

一　「学び而して厭わず」の孔子

孔子（紀元前五五一年ごろ～前四七九年）、名は丘、字は仲尼、魯（山東省曲阜）の人。先秦儒家学派の創始者。孔子の先祖は宋国の貴族で、迫害を受けて魯国に避難した。『孔子家語』によると、孔子が生まれる前にすでに九人の姉と一人の兄がいたが、兄の孟皮は足の病気を患い、先天的に障害を持っていた。孔子の父の叔梁紇はまた、三人の嬢をもうけた顔姓の人に求婚した。顔の父親が三人の娘に叔梁紇を紹介したとき、今先王の後裔がいって「其人身長十尺、武力絶倫、吾甚貪之。雖年長性厳、不足為疑、三子孰能為之妻？（その人は体長十尺で、武力がきわめて優れており、私は彼がとても好きです。彼は年を取って人に厳しくが、問題になりません。三人のどちらが彼の妻になりたいですか）」（『孔子家語・本姓解』）と尋ねたが、長女、次女は反応せず、三女の顔徴は「父の意思に従いたい」と答えた。こうして、十八歳の顔徴は六十歳の叔梁紇に嫁いだ。結婚する前に会わない春秋時代に、孔家に嫁いだ顔徴は叔梁紇が「高齢」であることを発見し、しばしば一人で尼丘山に祈りを捧げた。その後に孔子が生まれ、名は丘、字は仲尼。孔子は三歳の時に父を亡くし、母子家庭で暮らしていたが、十五歳の時に母を亡くし、孤児となった。没落貴族の家庭に生まれ、幼い時に父を亡くした孔子は、勉学に励んで、わからないことは何でも聞いて教えてもらう。「学問官守（官学合一）」「惟官有学」の時代には、貧しい孔子は貴族子弟のための学校に通うことができなかった。しかし、これは孔子の学習に対する憧れを妨げるものではなかった。彼は学生と話し合う時に「吾少也賎、故多能鄙事（われ少くして賎し、故に鄙事に多能なり）」（『論語・子罕』）と言った。「少くして賎し」の孔子は他人の目に映る卑賎なことをすることによって、自分を多才多能させた。しかし、孔子の学習は、決して「卑事」に限ったことではなかった。自分が興味を持ったことについて、孔子はみな勉強が上手だ。太廟に行ったことのない孔子は、会ったことについてほとんど「ことごとに聞いた」。十五歳で志を立てた後、「学問下移」（春秋時代に発生した重大な歴史的事件の一つで、学術は官守形態から民間に移す）の機会を借りて、孔子は官憲から民間に伝わった『詩』『書』『礼』などの典籍を学ぼうと努力した。孔子は勉学に定立の先生がいない。彼は老子、蘧伯玉、晏平仲、老莱子、孟公綽、子産など当世の学問家に教えを請い、礼を老子に聞き、楽を萇弘に学び、師襄に琴を習った。それだけではなく、孔子はあらゆる一技之長（これぞという特技・技量）の持ち主者に学んだ。彼は「三人行、必有我師焉、択其善者而従之、其不善者而改之（三人行へば、必ず我が師有り。其の善なる者を択びて之に従ひ、其の不善なる者は之を改む）」（『論語・述而』）と言った。彼は賢くて勉強が好きで、目下の者や未熟な者に教えを請うのを恥としなかった。

孔子は学習が上手で、効果的な学習方法をまとめた。まずは志を立てること。志を立てることは志を確立することであり、つまり、なぜ学ぶのかは、学習の中で価値志向を持つ重要な環節であり、全体の学習活動を主導する。孔子は十五歳の時に学習の志を立てたと言った。彼の志は周礼を回復させ、仁政を実現することであり、人を尊重すること、すなわち「仁者愛人」だ。第二に態度の正しさだ。知ることは知る、知らないことは知らない。自分の知らないことを知ることができることこそ、智者の体現だと考えていた。学習態度において、彼は何の根拠もないの推察、弁別・分析をしないの肯定、強情と唯我独尊に反対し、これは学習のタブーであるだけでなく、身を処するタブーでもある。第三に、学びと思索を結びつけねばならない。学習は知識を得るためであり、思考の前提だ。学習を通して得た知識がなければ、思考は対象を失い、知識の表象にだまされてしまう。しかし、弁別・分析をしない学習は、盲目的に従うことを招くかもしれなく、自我を失う。最後は行動に移すことだ。学習と思考は問題解決のためにあって、実際のところに置かねばならない。彼は、学習によって得られたものを行動に移すことを学習の境界とみなし、「学而時習之、不亦悦乎（学びて時にこれを習う、亦た説ばしからずや）」（『論語・学而』）という。もちろん、教師である孔子にとっては、学んだことを利用して学生を教育することが最大の行動だ。「愛之能勿労乎。忠焉能勿誨乎（これを愛して能く労することと勿からんや。忠にして能く誨うること勿からんや）」（『論語・憲問』）というのは、孔子自身の学習に対する要求でもあり、教師としての自分に対する激励でもある。

二 「誨人不倦（人に誨えて倦まず）」の孔子

孔子は勉強するだけでなく、学生を教育するのも上手である。自分の政治的理想が実現できない時は、自分の時間と精力を学生教育と典籍整理に費やした。

まず、『詩』『書』『礼』『楽』。孔子は「彬彬有礼（礼儀正しい）」「郁乎文哉（文化の盛んなさま）」の西周社会を志向し、周礼を回復させ、仁政を実施することを望んでおり、西周以来の典籍に対して特に推し崇めた。孔子の見方では、「詩」を勉強すると、人の感情を表現したり、人の興味を育んだりすることができ、さらに人を調和させ、誤った事柄に対して恨みを表わすことができる。そのため、教育は「詩」から始まる。彼は『詩』と『書』の中に載せられていたのはすべて「雅言」であり、『礼』は「雅言」の外現であり、『楽』は人の感情を解放させ、心の調和を実現できると考えていた。これらは人の生活と結びついており、教育の内容になるべきだ。彼は人がもし『詩』を学ばなければ、思想を表現することができないとさえ思う。『礼』を学ばなければ、立身できない。「楽」を学ばなければ君子にはなれない。それで、「興於詩、立於礼、成於楽（詩に興り、礼に立ち、楽に成る）」（『論語・泰伯』）と言った。そのため、孔子は晩年に「刪詩書定礼楽（詩書礼楽を編集・整理する）」を自分の教育の参考資料とした。

第二に、差別なく教えることだ。教育に関する資源が少なかった時代は、大部分の人が教育の機会を得ることができなかった。孔子は自分が学んだことを、できるだけ勉学者のために勉強の機会を作ることができるようにした。彼は「有教無類（誰に対しても教育を与え、高低貴賎を問わない）」、つまり門を開け、勉学者の願望を満たす。彼は「自行束脩以上、吾未嘗無誨焉（束脩を行うより以上は、吾未だ嘗て誨うること無くんばあらず）」（『論語・述而』）と述べ、つまり、主観的に向上したい人なら、孔子は彼らを教育したいと思った。彼はまた人々に師を求めて勉強することを奨励し、「後生可畏、焉知来者不如今也（後生畏るべし。焉んぞ来者の今に如かざるを知らんや）」と、若者に対して期待に満ちていた。『論語・子罕』では、「四十、五十而無聞焉、斯亦不足畏也已（四十五十にして聞こゆるなきは、斯れ亦た畏るるに足らざるなり）」といい、孔子は人が学ぶ意志さえあれば、年齢が五十を過ぎても何も恐れることはないと思った。そのため、大勢の学生が孔子の門下に入った。孔子の弟子は、多くの諸侯国から来ただけでなく、年齢、経歴、趣味、貧富、特徴などの面で大きな差があった。

第三に、適材適所で教育を行うことだ。孔子の「有教無類（差別なく教える）」によって、彼のもとで教えを受ける人の差は非常に大きかった。年齢的には孔子に相当する者もあれば、孔子より四十歳若い者もいった。このような違いの大きい学生たちに対して、孔子が実践した方法が「適材適所で教育を行う」ことだ。適材適所で教育を行う前提は、学生に対して十分な理解があり、孔子は「言」「聴」「観」「察」「省」などの方法を通じて、自分の学生に対して深く認識し、そして学生の特徴によって異なる内容と方法の教育を実施し、学生の潜在能力を十分に釈放させた。『史記』によると、孔子の弟子は三千人、六芸に通じたのは七十二人で、まさに孔子が「適材適所で教育を行った」という結果だ。教学における「適材適所で教育を行う」ことは、教育対象の客観的な要求であり、孔子が学生を尊重することの体現でもある。

第四に、啓発・誘導することだ。孔子は「己所不欲、勿施於人（己の欲せざる所は人に施すことなかれ）」（『論語・衛靈公』）と説いた。孔子は、強制されることを望まず、学生にもこのやり方を施したくなかった。そのため、啓発・誘導は孔子が日常の教育の中でよく採用した方法になり、学生が一を聞いて十を知ることができる。もちろん、啓発・誘導するには学生が積極的に努力するという条件が必要で、すなわち、学生が知りたいことがわからず、伝えたいことが伝わらないときにのみ、啓発・誘導が働く。孔子は学生が積極的に考える状態を作り出すのが上手で、そして適時に啓発した。これに対して、孔子の弟子・顔淵は「之を仰げば弥高く、之を鑚れば弥堅し。之を瞻るに前に在り。忽焉として後に在り。夫子循循然として善く人を誘う。我を博むるに文を以てし、我を約するに礼を以てす。罷めんと欲すれども能わず。既に吾が才を竭くせり。立つ所有りて卓爾たるが如し。之に従わんと欲すと雖も、由末きのみ」（『論語・子罕』）と深く感銘を受けた。この方法によって、孔子は学生を常に学習の状態にさせ、生徒の主観的能動性を十分に発揮させた。

最後に、教と学の両方は互いに影響と促進し、共に向上した。孔子が学生を教育するのは、学生の発展を促進するためだが、孔子教学の成果はこれにとどまらなかった。『論語』には、孔子の弟子が教えを求めたという話があったが、孔子も弟子から多くの啓発を受けていた。第一に、多くの弟子がいて、孔子が学生を理解するための対象を提供し、学生の間に差があることを孔子が実感してから、「適材適所で教育を行う」という方法があった。第二に、弟子との接触で孔子はより多くの悟りを得た。例えば、弟子・宰予の言行が一致しなかったように、孔子に知人の方式が言説の面に留まらないことを意識させ、「始吾於人也、聴其言而信其行。今吾於人也、聴其言而観其行（始め、吾、人におけるや、其の言を聴きて其の行いを信ず。今、吾、人に於けるや、其の言を聴きて其の行いを観る）」（『論語・公冶長』）という。第三に、孔子は先人の業績だけを述べ、自分は新義を立てない。『論語』は孔子が弟子と対話した結果、孔門の子弟や再弟子が編纂したものだ。このような弟子たちの努力がなかったら、孔子の言行思想が伝わったかどうかは疑問だ。教と学の相互の影響と促進を通じて、孔子の学生は成長し、孔子自身の認識も絶えず高まっていた。そのため、『論語』は孔子「教学相長」（教と学の両方は互いに影響と促進し、共に向上する）の成果の一つといえる。

孔子は実際の行動によって教師の持つべき品質を体現していた。中国教師の歴史における彼の地位を築き、後世の教師の手本となった。中国歴代の皇帝からの賛辞だけではなく、多くの学者深く尊敬された。宋代の書道家米芾は『孔子賛』で「孔子様孔子様！偉大なる孔子様！孔子様の前には、貴方のような人物はいません。孔子様以降の世代にも貴方のような人物はいません」と孔子に対する敬慕の意を表した。

「天下の英才を得て之を教育す」の孟子

『孟子・尽心上』では、「君子有三樂。父母倶存、兄弟無故、一樂也。仰不愧於天、俯不怍於人、二樂也。得天下英才而教育之、三樂也(君子に三楽あり。而かれども天下に王たるは与り存せず。父母倶に存し、兄弟故無きは、一の楽しみなり。仰いで愧はじず、俯して人に怍はじざるは、二の楽しみなり。天下の英才を得て、これを教育するは三の楽しみなり」という。第一楽は家庭の楽しみだ。平々凡々としているように見えるが、この世で最も質素で、最も根本的な楽しみだ。しかし多くの人は身内が亡くなった後にやっと家庭の喜びの大切さを体得した。第二楽は身を処する楽しみだ。まともな人間になるのは、上には天に恥じず、下には人に恥じない、心は広くて、剛直で人におもねらない。第三楽は仕事をする楽だ。君子のなすべき責任をとるのは、孟子から見ると、天下の優れた人材を得て教育することだ。後代に「亜聖」と呼ばれた孟子は、「天下の英才を得て教育する」ことを人生の最大の楽しみとして教育活動に取り組んでいた。

一　家庭の楽しみ

孟子（紀元前三七二年ごろ~紀元前二八九年）、名は軻。字は子輿。戦国時代・魯国の鄒邑（現在の山東省）の人。孟子は家庭の楽しみを君子の第一楽と考えたのは、自分の人生経験、特に幼い時の経験と密接な関連があるかもしれない。孔子のように、孟子は三歳の時に父親を亡くし、貧乏な母子家庭で生まれ育った。孟子の母は孟子の成長における重要な役割を果たした。「孟母三遷」の物語は孟子の母が孟子の教育を重視したことを物語っている。模倣は児童の天性だが、模倣の対象によっては児童に影響を及ぼす。墓地から遠くないところに住んでいた孟子は、常々聞いたり見たりしているうちに拝礼の儀式をよく覚え、仲間と一緒に墓作りの遊びをした。子供の精進を願う孟子の母は引越しを決意し、市場の近くに引っ越した。より多くの人や物事に触れ合えたものの、孟子の興味を引いたのは豚の屠殺や商売のやりとりだった。孟子の母は、これはまたしても児童の成長に合った環境ではないと考えた。よって、学堂の近くに引っ越した。家が貧しかった孟子は学校に行く資格を持っていなかったが、勉学を好む孟子は礼節や知識をいくらか覚えたので、母はこの環境こそが児童の成長に合っていると考えた。このような環境の選択こそが孟子の成長にとって非常に有益だった。そして孟子は環境の人に対する影響を知ることとなったのだ。

当然、孟子の母が孟子に施した教育は、適当な環境選択だけにとどまらない。母子家庭にとって生活の困窮は避けられなかった。苦しい境遇は、子どもの成長には不利だが、これを活用すれば、大きな教育効果のある機会に変わる可能性もある。入学年齢になった孟子は、母に塾に通わせた。しかし、孟子はよく遊び、時に学校をさぼった。しかし孟子の母は、叱る、脅かす、罰するなどの体罰のようなものを選ばず、孟子が学校をさぼったとき、織物を織るのに使っていた織機の杼（製織の際に横糸を通すのに使う器具）を折って、先の織機の手間が無駄になった。布織を家計としていた家庭にとって織機の杼が折れることは、直接に生計に影響を与えたことになる。孟子の母は孟子に、勉強とは布を織るようなもので、物事を続けることができなければ、中途半端にして、結局は一事が成り立たないことになると説いた。これに触発された孟子は、勉強を始め、聖賢の教えを身につけて実行し、ついに一代の大儒となった。

孟子が「性善論」という人間性思想を提出したのは、先人の思想をよく勉強したことと関係があるが、このような考え方の形成は、彼自身の生い立ち、特に母親の教育と無縁ではない。小さい頃から父の愛を受けていなかった孟子は、家庭の融融の楽しみに憧れを抱いていた。孟子が家庭の楽しみを君子第一の楽しみとした理由でもある。

二　まともな人間としての楽しみ

幼い頃の経歴から、孟子は身を処する難しさを認識した。しかし、その難しさこそが、人間としての価値を表していたのだ。孟子から見ると、人と鳥獣の違いは人間性にある。人間性は、惻隠、羞悪、辞譲、是非の心、すなわち仁・義・礼・智だ。このような人間性は、生まれながらに身につけていたが、潜在的であり、単なる傾向として表れる。生まれてから後の行事では、それを維持・拡充し、人間性を輝かせて真の「人間」になったる人もいるが、生まれつきの善性を失い、人間らしい心を持っていない匹夫に転落した人もいる。孟子から見れば、人であろうとするならば当然前者であり、後者ではない。身を処する楽しみの前提は、まともな人間にすることであり、つまり前述した生まれつきの善性を維持、拡充させることだ。そのような人には、物事を支える力があり、自尊心があり、独立した人格があり、生まれつきの善性を保持するだけではなく、それを実行するすることができる。『孟子・告子上』では「生、我所欲也。義、亦我所欲也。二者不可得兼、舎生而取義者也（生も、亦我が欲する所なり。義も、亦我が欲する所なり。二つの者得て兼ぬ可からざれば、生を舍てて義を取らん者なり）」という。つまり、そういう人は道義のために命をかけてもいいのだ。そのような人は仁愛にあふれ、思いやりに富み、人を自分のように思う。『孟子・梁恵王上』では「老吾老、以及人之老。幼吾幼、以及人之幼（吾が老を老として、以て人の老に及ぼし、吾が幼を幼として、以て人の幼に及ぼす）」という。このような人は道義のために生まれ、道義のために死ぬ。『孟子・尽心上』では、「天下有道、以道殉身。天下無道、以身殉道（天下、道有れば、道を以て身に殉え、天下、道無ければ、身を以て道に殉う）」という。このような人だけが君子と呼ばれ、まともな人間としての楽しみを味わうことができる。心に不正な欲望が満ち、人を陥れようとたくらみ、他人を道具と見なし、欲望を満たすために手段を選ばないような者は、恥を知らないと見なされる。『孟子・尽心上』では「人不可以無恥、無恥之恥、無恥矣（人は恥を知らないでいることはできないものなのだ。恥を知らないことを恥じる心こそが、恥なき姿なのだ）」といい、孟子は、彼らはすでに人から遠く離れていて、まともな人間としての楽しみを味わうことはできないと考えた。まともな人間としての楽しみを実践するために、孟子は具体的な指標まで示した。『孟子・滕文公下』では「居天下之広居、立天下之正位、行天下之大道。得志、与民由之。不得志、独行其道。富貴不能淫、貧賤不能移、威武不能屈、此之謂大丈夫」という。つまり、天下と共にあり、天下を以て己が任となし、天下を導く指針となる。志を得れば民と共に実現し、志を得ざれば独りその道を行う。地位財貨に惑わされることなく、貧賤窮乏に動ずることなく、威武権力に屈することもない。これを本当の大丈夫というのだ。大丈夫（立派な男）は、天を支えて大地に立ち、堂々たる気概を持って、彼自身が言うように、天に対して恥ずかしくなく、人に対しても恥ずかしくない。このような人こそ本当にまともな人間としての楽しみを味わうことができる。

三　英才を育む楽しみ

まともな人間になるために、後天的な努力で実現する必要があり、教育は人をまともな人間にするための実践的な活働だ。この観点は、孟子の生い立ちや観察、孟子の学問好きの善思に由来する。『孟子・滕文公上』では、「人之所以異於禽獣者幾希。庶民去之、君子存之（人の禽獣に異なる所以の者は、幾ど希なり。庶民は之を去り、君子は之を存す）」という。「幾希」とは、仁義礼智のことで、「幾希」を除いてしまえば、人の皮をかぶった獣だ。教育とは、人が生まれつきの善を保留・拡張させ、人をまともな人間にする活動であり、「人之有道也、飽食暖衣、逸属而無教、則近於禽獣（人の道有る。飽食暖衣、逸居にして教うることなければ、則ち禽獣に近し）」という。つまり、教育の目的は、人をまともな人間にし、君子にすることだ。

人がまともな人間になることは容易ではないし、君子と大丈夫になることも容易ではないし、教育に相当な努力が必要だ。『孟子・告子（下）』では、「故天降大任而人也、必先苦其心志、労其筋骨、空腹其体肌、空乏其身、行払乱其所の所為、動心忍性、曽益其所所不能（天が人に大事を任せる時は、先ずその心と志を乱し、骨が折れる程の苦難を与え、その体を飢えさせ、生活を窮乏させ、やる事なす事をことごとく狂わせる。これは、その心を鍛えて忍耐を育て、それまで出来なかった事も出来るようにするためである）」という。つまり、人がまともな人間になり、人が責任を負うには、苦しい努力をしなければならない。まともな人間になるために、「養心（心を正しくまっすぐに育てる）」ことを要し、心は「天官」で、「大人」の生理基礎になるので、「心を正しくまっすぐに育てるには、欲望を少なくするのが一番よい、ということだ。貪欲すぎてはいけない、人の反感を買って身を滅ぼすことになるからだ。自分で自分を侮るようになると、必ず世人からも侮りを受けるようになる。

教育の目的は、学習者個人の学習目的に転化しなければ、その目的を実現することができない。性善論から、孟子は学習者個人の主観的能動性を充分に発揮させなければならないという「内式」の教育原則を提唱した。『孟子・離婁』では、「君子深造之以道、欲其自得之也。自得之、則居之安。居之安、則資之深。資之深、則取之左右逢其原。故君子欲其自得之也（君子がどんな道でも深く精通しようとしていろいろ方法を試みるのは、その道を完全に身に付けようとするからだ。完全に身に付けば、やすやすとその道に居続けることができる。やすやすと居続けることができれば、深くその道を活用することができる。深く活用することができれば、左右にあるいろんな事象に応用しても、それらの根源を照らし出すことができるのだ。だから君子は学ぼうと思い立ったら、その道を完全に身に付けようとするのだ）」という。勉強のプロセスは、自慢のプロセスだ。根気を持ち、自暴自棄してはいけない、「自暴者、不可与有言也。自棄者、不可与有為也（自ら暴う者は、與に言う有るべからざるなり。自ら棄つる者は、與に爲す有るべからざるなり）」という。教育においては、教育者であれ学習者であれ、問題が起きたときには、まず自分自身から原因を探すこと、すなわち「逆求諸己（反りて己に求むるのみ）」が必要だ。彼は、「禍福無不自己求之者。君子不怨天、不尤人（禍福は己より之を求めざる者なし。君子は天を怨みず、人を尤めず）」また「愛人不親、反其仁。治人不治、反其智。礼人不答、反其敬。行有不得者皆反求諸己（人を愛して親しまれずんば、其の仁に反れ。人を治めて治まらずんば、其の智に反れ。人を礼して答へられざれば其の敬を反りみよ。行いて得ざる者は、皆諸れ己に反求す）」と述べた。

人を育てる人として、教師はまず自分をまともな人間にしなければならない。教師は、惻隠、羞悪、辞譲、是非の心を持って生まれつきの「善性」を積極的に実践してこそ、「善性」に富んだ生徒を育て上げることができるのだ。これは、教師が生徒に対して仁愛の心を持ち、生徒を平等に扱い、人格を尊重することが求められ、『孟子・離婁下』では「君子以仁存心、以礼存心。仁者愛人、有礼者敬人。愛人者人恒愛之、敬人者人恒敬之（君子は仁を以て心を存し、禮を以て心を存す。仁者は人を愛し、禮有る者は人を敬す。人を愛するものは人つねにこれを愛し、人を敬する者は人つねに之れを敬す」「恭者不侮人、倹者不奪人（恭者は人を侮らず、倹者は人を奪はず）」という。教師の学生に対する愛は、学生を尊重する基礎の上に築かなければならない。そうでなければ、反愛行為になりかねない。学生には災難であり、教育にも災難だ。孟子は、「食而弗愛、豕交之也。愛而不敬、獣畜之也。恭敬者、幣之未将者也。恭敬而無実、君子不可虚拘（禄を与えても愛する心がなければ、それは豚にエサを食わせているのと同じだ。愛しても敬いの心がなければ、それはケダモノを飼っているのと同じだ。そしてつつしみ敬う心とは、贈り物を渡して交際しようとするときには、その前提としてあるべきものだ。たとえ君主が形だけつつしみ敬っていても、その内実がなければ、君子はおめおめと留まってはいられない）」と述べた（『孟子・尽心章句上』）。

「必ず師を貴《たっと》びて傅《ふ》を重んず」の荀子

荀子は『荀子・大略』の中で、「国のまさに興らんとするや、必ず師を貴《たっと》びて傅《ふ》を重んず」と述べ、教師に対する態度を国家の盛衰と結びつけた。このような記述は、稷下学宮（中国の最も古い戦国時代の官営大学）での荀子の経歴と関係があると考えられる。荀子は稷下の学宮で最も尊敬された教師であり、韓非、李斯などの学生を輩出し、稷下学宮の責任者を三度務め、当時は「祭酒」と呼ばれていた。荀子が稷下学宮に在職していた時、多くの学者がここに集まった。彼らは講義、著述、立説（専門の学説を樹立する）、独自の思想をかまえ、活発に論争し合った。当時は稷下の学宮が華やいでいた時期であり、斉の国力が強盛であった時期でもあり、学問が盛んで、国家が盛んだったので、荀子はそのように述べた。また、教師の地位を「天地君親」と併べ、彼は「天地者、生之本也。先祖者、類之本也。君師者、治之本也（天地なる者は生の本也り、先祖なる者は類の本也り、君師なる者は治の本也り）」と述べた（『荀子・礼論』）。

荀子（紀元前三一三年～紀元前二三八年）、名は況、字は卿、戦国時代末の趙国人。先秦（一般には春秋戦国時代）思想を集大成させたものだ。荀子は若い頃、稷下学宮に遊学した。稷下学宮は、斉王が設立した教育・学術と資政（国政の運営を助ける）の機能を兼ねた教育機構であり、斉王が士人を優遇したため、多くの学者が集まった。荀子は長期にわたってここで講義・著述したことがある。

荀子が置かれた時代には、長い間の戦乱で民が流浪し、安定と統一の新しい社会を実現することが多数の人々の希望となった。荀子の思想や言論、行動には統一国家の建設に奉仕するという願いが込められており、彼の教育活動もこれに奉仕した。

荀子は、諸侯紛争の時期に、孟子の「性善説」は理論的に根拠が乏しいだけでなく、現実にも無力だったと考えていた。荀子から見ると、「性」が質素で、人為的な介入はなく、『荀子・礼論』では「性者、本始材樸也（性はもともと質素だ）」という。人間性もそうで、先天的な質素であり、それによる本能的反応は、二つの部分が含まれている。一つは飢えと食を欲し、冷えると暖を欲し、疲れると憩を欲し、利に向かって害を避ける生理的な本能だ。もう一つは目で見て、耳で聞くことができる感知、認識能力だ。そのため、賢者であろうと愚者であろうと、皆がその人間性を持っていて同じだ。

荀子はなぜ「人の性は悪なり」と言ったのか。これは、人間の生理的な本能が、知覚・認識と悪の方向に向かう傾向があるからだ。彼は、「若夫目好色、耳好聴、口好味、心好利、骨体膚理好愉佚、是皆生於人之情性者也。感而自然、不待事而後生之者」と述べ、「欲食、欲煩、欲息、好利、意害、好色、好聾、好味、好愉快」ことは、自然に、先天的に備わっていた本能であり、制限を加えなければ悪が生じ、「今人之性、生而好利焉、順是、故争奪生而辞譲亡（今、人間の本性を見るに、生まれつき利益を好むものだ。利を求めることに従うから、争って奪い合うことが起こって、辞退して他人に譲ることがなくなる）」という。つまり、人間の本能には理性と道徳がなく、それが発展すれば暴力に走るということだ。したがって、荀子の性悪論は、人間性そのものが悪ではなく、悪の方向に向から傾向があるということだ。

人間性が悪にならないようにするためには、後天的な努力を経なければならない。つまり「偽」は人為（自然の状態に人が手を加えること）だ。荀子は、「凡性者、天之就也、不可学、不可事。礼儀者、聖人之所生也、人之所学而能、所事而成者也。不可学、不可事、而在人者、謂之性。可学而能、可事而成之在人者、謂之偽」と述べた。「偽」とは人為的なもので、すべては人為の努力を通じて、人を悪から善に向かわせる変化を指す。これによると、孟子のいわゆる「性善」は、人の「性」そのものではなく、「偽」であり、「性偽之合」であると荀子は考えていた。荀子によれば、性と偽は材料と加工の関係にある。材料がないと、紋様を加工できない。加工紋様がないと、素材は原始素材のレベルにとどまるしかないだ。材料と加工を結合させ、「性偽之合」してこそ、人に対する改造を実現でき、社会に対する改造を実現できる。そのため、教育の役割は「化性起偽（悪なる情性を化し偽を起し善を積む）」、つまり後天的な努力によって人間性を変えることだ。

「化性起偽」の実現には、個人と教育、環境、政治の協力が必要だ。荀子は「塗之人能為禹、未必然也（誰もが禹のような人になることは、必然であるとは限らない）」と述べた。禹は聖賢の代表であり、誰もが禹のような人になることが可能だが、このような可能性の実現には後天的な努力と環境の役割が必要であり、そうでなければ「小人は君子のためになろうとするが、君子のためになろうとしない」という現象が現れる。荀子は個人の努力と教育の役割に対して楽観的であり、「我欲賤而貴、愚而智、貧而富、可乎。曰、其唯學乎……上為聖人、下為士君子、孰禁我哉」という。すなわち、個人の努力と教育を通じて、人間性を変化させることができるということだ。もちろん、このような変化には条件が必要であり、良い環境と政策が主な条件であり、「蓬生麻中、不扶自直（蓬も麻中に生ずれば、扶けずして直し）」という。どのような環境があると、どのような習性が生まれる。個人の努力、教育、環境と政治の間に力を合わせるようにすれば、人は禹でなくても君子になるのは難しくないはずだ。

儒家の学者として、荀子はその人性論の基礎と大一統の政治的理想から、礼法を推進できる「賢能の士」の養成を主張した。荀子は当時の儒者の状況をもとに、儒者を大儒・雅儒・俗儒の三つに分類した。

大儒は広い知識を持っているだけではなく、既知で未知を推知し、未来の発展傾向を予測することができるので、まだ見たことのない新しい物事、新しい問題に自由自在に対応でき、国をよく治めることができる。

雅儒はすでに典籍に入っていることを熟知し、自分の言行を礼儀と規範の要求に合うことができ、己を知る賢さを持ち、人を欺きまたみずからをも欺いていないので、心が公明で堂々としているように見える。

俗儒はただ儒者の仮面をかぶって、経典を暗記してもどのように応用するかを知らず、人や社会を顧みずに、自分に媚びたり、お世辞の形で自分の利益を得ようとする。荀子の教育の目的は雅儒や俗儒ではなく大儒を養成することにあった。彼はこのような人は教育を通じて育てられると考え、「雖庶人之子孫也、積文学、正身行、能属於礼義、則帰之卿相士大夫」という。荀子は性悪論の観点を持っているため、教育では読経・読礼だけでなく、方法でも「外鑠」——規範を重視していた。儒家の経典はこの方面に取って代わることのできない役割を持っていると彼は考えていた。彼から見れば、『書』は政事の記録であり、『詩』は心声の帰結であり、『礼』は法制の前提であり、様々な条例の総綱でもある。そのため、『礼』は教育内容だけでなく、教育管理の措置でもある。

『礼』が重要だったため、『礼』に師伝が必要となり、荀子は尊礼貴師を求め、「言而不称師、謂之畔。教而不称師。謂之倍。倍畔之人、明君不内、朝士大夫遇諸塗不与言」と言った。荀子から見ると、教師は『礼』の化身や代弁者であり、生徒として教師を尊重しなければならない。『荀子・勧学』では「学莫便乎近其人（学はその人に近づくより便なるはなし）」「学之経莫速乎好其人（学の経は之、其の人を好むより速かなるは莫し）」という。もちろん、学生の学習は受動的に吸収されるのではなく、ひたすら踏襲するのではなく、「青取之於藍、而青於藍（青は藍から作られるが、藍よりも青い）」という志向が必要だ。そうでなければ、「誰もが禹のような人になる」ことは可能性を失う。同様に教師としても心が広く、勉強が上手でなければならない。『荀子・大略』では、「學而不厭、誨人不倦（学んで厭わず、人に誨えて倦まず）」という。教師が適任でないと、礼を実践して礼の規範に従って行動できなければ、教師としての資格を失う。このような教師は尊重に値しないだけでなく、学生のボイコットに遭う、荀子は「非我而当者、吾師也。是我而当者、吾友也。諂諛我者、吾賊也（我れを非として当たる者は吾が師なり。我れを是として当たる者は吾が友なり。我れを諂諛する者は吾が賊なり）」（『荀子・修身』）と言った。

「簡練於学、成熟於師」の王充

『論衡・量知』では、「夫人之不学、猶谷未成粟、米未為飯也。……学士簡練於学、成熟於師、身之有益、猶谷成飯、食之生肌腴也」という。王充は、学問の修め方が不十分である人を米に磨かれていない谷やご飯にできていない米にたとえ、学習者は学問に力を入れ、教師の指導のもとで次第に成熟していくと、自分や社会に役立つようになる。これは結局、穀物をご飯にして食べると、ふくよかな肉が生まれるのと同じだ。『論衡』のタイトルのように、王充は先輩、同世代、後輩とは対照的な批判精神を持っており、中国の教育史では際立っている。章太炎から「漢代一人」と賞賛された。

王充（二七～一〇〇年ごろ）、後漢の著名な思想家と教育家。字は仲任。会稽郡上虞（現在の浙江省虞）の出身。彼は、衰退している農民兼商人の家庭に生まれた。しかし、これは王充の勉学志向を実現する障害にはならなかった。王充は『自紀』の中で「充は小さい頃から大人の風格がある。父は彼を殴ったことも、母は彼を責めたこともなく、近所の人は彼を責めたこともない」と述べた。他の子供たちが蝉取りなどの遊びに熱中する中で、王充は自分が大丈夫（立派な男）になることを望んでいた。彼は六歳で読み書きを始め、八歳で学館に入り、日に千字を唱えた。以後、家で儒家の典籍を研究した。成年になってから、東都の洛陽に赴き、太学に入り、名儒を訪ね、百家の書を読み、視野を広げ、学問を大進した。太学は今文（経書を書き写すのに用いられた文字）経学の影響を受けて、章句の学（儒教などで行われた経典解釈学の一形式）が流行し、伝経は家法の師承を重視し、また図讖迷信が盛んで、内容が空虚であるだけでなく、方法が硬直しているため、師法家法を固守したくない、章句の学を嫌う王充は、班彪らに師事し、経世致用（学問が国事に有益でなければならない）とされる「古文経学」を学んだ。本を買うお金がないので、王充はよく書肆（書店）に行って本を読んだ。彼の記憶力が優れていて、「衆流百家之言」をよく知っていた。王充は太学を離れた後、二回に渡って地方の小官に任ぜられたが、実直な人だったため、立身を好まず、結局辞職して家に帰り、教授しながら学問を研究し、生涯の大部分を教授・思考・執筆に費やした。王充の著作は豊富だが、現在まで伝わっているのは『論衡』だけだ。

当時の流行や迷信を神学化にした儒学とは異なり、王充は百家の学問を学び、その観点は主流の観点と大きく異なっていた。彼は道家の学説を吸収し、天地はすべて自然の実質的実体であり、意志がないとみなした。人は自分の行動で天を感動させてはいけないし、天も自分の意志で人を支配してはいけない。万物はすべて「元気」から構成され、人も同様に、皇帝と百姓はすべて元気から構成され、本質的な違いはない。当時流行していた人の死後、魂は死なないという説に対して、王充は、魂は精神であり、精神は形体の存在に依存し、形体の状態によって変化すると考えた。体が強ければ、元気が出る。体に病気がある時、精神は衰弱する。人が死ねば、精神も消えてしまう。このような主張は当時流行していた観点とは対照的であり、正統な儒家の学者からは異端として排斥された。王充は図讖迷信に反対するだけでなく、迷信をした先人とその著作にも反対していた。彼は『問孔』や『刺孟』などの文章を書き、『論語』と『孟子』の中のいくつかの観点に対して質疑と批判を行った。先秦だけでなく、このような状況は中国の教育史上でも珍しいだ。

王充が迷信に反対していたのは、第一に、彼から見れば、先人の観点に問題があり、その批判が必要だからだ。第二に、教育の役割があまりにも大きいため、教育に対して畏敬の念を持ち、教育を教育にする必要がある。

王充から見ると、教育は個人に対して人間性を変化させる。彼は「人之善悪、共一元気。気有多少、故性有賢愚」と述べ、つまり人間の構成は同じで「元気」なのだ。ある人は元気が多く、純は善になり、ある人は元気が少なく、濁は悪になる。しかし、このような善と悪は固定ではなく、変化することができ、「人之性、善可変為悪、悪可変為善」という。その中で重要な役割を果たすのが教育だ。また、王充の見解では、教育が人間に与える役割はこれにとどまらなく、教育は人をまともな人間にする活動でもある。人は、生まれてから五行に代表される仁・義・礼・智・信の五つの基本的徳目を受け入れ、知的能力を持っており、これは人が他のものと区別し、そして他のものに優れている根本的なところであり、「倮虫三百、人為之長。天地之性、人為貴。貴其識知也」という。すなわち、「知る」器官を持ち、万物を「知る」ことができるのは、人と動物の根本的な区別だ。もし人がこれらの器官の作用を放棄し、「閉暗脂塞、無所好欲（無知蒙昧で勉強に対しては全く興味と要求がない）」とすれば、一般の働物と同じであり、「聖賢言行、竹帛所伝、練人之心、聡人之知」という。つまり、聖賢の言葉は、人がまともな人間になるのを補助する重要な媒体だということだ。このような媒体を重視しながらも、迷信することができない。聖賢の言論が間違ったら、人をまともな人間になる道から逸らしてしまう。教育は個人に作用し、社会にも作用する。社会は個人によって構成されているからだ。『論衡』では、「人有知学、則有力矣（人は知識があれば力がつく）」という。「力強く」の人は「力強く」の社会を構成するのだ。

教育の役割は絶大だが、教育を受ける人は比較的に少ない。また、教育を受けている人の中には、教育を受けているレベルが違う、という現実に直面した王充は、異なる育成目標を提出した。

まず鴻儒を養成することだ。鴻儒は学問をきわめた大学者であり、著述・立説することができ、新しい知識を創造し、未来に方向を示すことができる。

第二は文人で、文人は知識が深く、種々の知識を勘案して全面的に理解し、さらに学んだ知識を実行に移し、そして評価・提案することができる。

第三は通人であり、本の知識をたくさん身につけていたが、本の知識を実践に移すのは難しいだ。

第四は儒者であり、儒者は儒学経典の一部だけを掌握し、教育を職責とするが、博古でもないし、今のことを詳しく知っていない。

最後は文吏で、識字（字を覚える）の教育を受けたが、仁義の意を知らず、権勢に頼って吏に仕えた。もちろん、王充にとっては、教育を受けた者が鴻儒になることが最も望ましい。このように、人が広い知識を持つためには、何冊かの儒家の典籍によって育成することができるのではなく、先人が蓄積したすべての知識を学ぶ必要がある。学習に対して、王充は見識に富んだ観点を提出した。彼は、聖賢と書物を迷信する現実から、学習と見聞を結びつけることを提唱した。学習によって古い知識を獲得し、見聞によって新しい知識を獲得する。それだけでなく、学習はまだ思考と行動と結びつく必要がある。王充は、聖賢の書にも多くの誤謬があると思っていた。このような誤謬は、人の成長に不利であるばかりでなく、社会にも不利だ。そのため、学習は思考と実践と結びつけなければならない。学習と思考の結合は、学習内容に対する弁別・分析であり、盲従できない。学習と実践の結合は、実践を通じて学んだ知識が正しいかどうかを検証することであり、つまり王充の言う「事莫明於有効、莫定於有証（物事に対する最も良い証明は、それが有効かどうかを見ることであり、理論に対する最も良い検証は、それが証拠があるかどうかを見ることである）」ことだ。

王充は批判精神を持ち、それは集中的に迷信に反対し、盲従に反対することに体現されていた。真の知識を得るには、教師と本を迷信する心理を打ち破らねばならない。『論衡・問孔』では、「学問之法、不唯無才、難於距師、核道実義、証定是非也」という。つまり、学習の過程で、学生は教師を迷信する心理を形成しやすく、このような状況が発生すると、「是非」が排除され、教育は本来の意味から離れてしまう。この点を説明するために、彼は『問孔』『刺孟』を著し、「聖人」と「亜聖」と見なされる学問に対して弁別・分析と質疑を行った。彼の目にはこれこそ真の学問態度であり、先人に対する真の尊重だ。彼は『論衡・問孔』で「追難孔子、何傷於義？伐孔子之説、何逆於理？」と述べ、教育の過程で、教師と学生の間で互いに難問を尋ね合い、良好な学習雰囲気を育成し、教育者と学習者を積極的に思考させると主張した。

「道を伝え業を授け、惑いを解く」の韓愈

『師説』という文の中で、韓愈は教師とは何か、教師の役目とは何かを論じ、「古之学者必有師。師者、所以伝道授業解惑也（古の学ぶ者は、必ず師有り。師は道（儒家が理想とする人間のあり方）を伝え業を授け、惑いを解く所以なり）」と述べた。これは韓愈が教師の性質に対する一つの基本的な判定であるだけでなく、教師に対する基本的な定位（位置づけ）も後世に推賞される。韓愈が教師を重視し、「師説」という文章を書いたのは、当時の社会が「道」を重んじず、師を尊ばない現実を考慮したものだ。彼の目には、「道」は個人、家庭、社会の中で重要な役割を果たしており、教師は「道」の担体と実行者だ。しかし、当時の現実は、「師道の伝はらざる、久し。人の惑ひ無からんと欲する、難し」なのだ。まさにこの認識と判断があってこそ、韓愈は「尊師重道（師を尊んで道を重視すること）」を提唱した。韓愈は三度にわたって唐代官学の博士官を務め、『師説』における教師の位置づけを積極的に実践した。

韓愈（七六八～八二四）、字は退之。唐代の文学者、思想家、政治家。河内河陽（現在の河南省孟県）の人。自分では昌黎（河北省）の人と称したところから、韓昌黎とも呼ばれた。韓愈は三歳の時に父を亡くし、兄夫婦に育てられた。家が貧しいながらも、読書と経世の志があり、一生懸命に勉強していた。『新唐書・韓愈伝』の記載によると、韓愈は一日に千百もの名言を覚え、それから六経、百家の学問に通暁していた。同時代の多くの読書人と同じく、経世の志を抱いた韓愈は、前半生を科挙に

駆けた。二十歳で長安に行って進士試験をしたが、三回不合格になった。二十五歳で進士試験を受けたが、三試で博学鴻詞科（文章卓絶の士を選抜するため設けた科目）が不合格となり、地方に派遣された。直情的な性格のため、四門博士に任命された。学識が高く、教学が優れていたため、三十六歳で監察御史に就任した。干害で人々が飢え苦しんだため、上書して賦税の減免を請求したが、陽山令に降格された。唐の憲宗が北帰すると、国子博士に転じた。五十歳になると、呉元済を討伐した功績により刑部侍郎に任ぜられた。しかし、皇帝が仏骨（仏舎利）を御所に迎えることに反対したため、潮州刺史に左遷された。一時的に貶された後、朝廷に戻り、国子祭酒、兵部侍郎、礼部侍郎などの職を歴任した。中国古代教育史の上で官職の高い教育家に属している。韓愈は学問を好み、多くは儒家の典籍だ。加えて、彼の叔父と兄は復古的な傾向があり、韓愈の復古思想の形成に直接的な影響を与えた。彼は儒家の道統（儒教の道を伝えた「聖賢」の正統）を回復することを学術と経世の目標とした。道統とは、孔孟の道を宣伝し、博愛の仁と恰宜の義を施すことであり、「鰥寡孤独廃疾の者を養ふ、皆その生を遂げ得しむ」という。三代にわたって続いてきた道統だから、彼はそれを引き受けるべきだと思った。

教師である韓愈は、教育と学習の役割を重視した。人の人間性と人と人との差異をもたらす決定的な要因は教育だ、と韓愈は考えていた。彼は「符読書城南」という詩で「人之能為人、由腹有詩書」「詩書勤乃有、不勤腹空虚。欲知学之力、賢愚同一初。由其不能学、所入遂異閭」と述べた。つまり、人々が生まれながらにしてそれほど違わない。しかし、年齢の増加につれて、差異がだんだん明らかになった。ある人は（地位などが）とんとん拍子に上がるかもしれないし、ある人は落ちぶれて各地を流浪するかもしれない。王侯になる者もいれば、馬の鞭を持って鐙のそばについている者もいる。韓愈から見ると、このような結果を招いた根本的な原因は「学ぶ人と学ばない人」だ。しかし、教育であれ学習であれ、対象は必要だ。韓愈から見れば、教育と学習は「先王の道（古代君主の治国方法）を修める」ことを基本とし、「六芸の文（すなわち『詩』『書』『易』『礼』『春秋』『楽』）を読む」を方法とする。彼は仏教と道教の内容を勉強することに反対し、それらが社会の禍乱の根源だと考え、仁義道徳を破壊しただけでなく、綱常（三綱五常）名教（封建礼教）を破壊した。したがって、教育と学習の対象は、儒家の典籍に準じなければならない。

儒家の典籍をどのように学ぶかという点で、韓愈は見識のある多くの観点を提出した。まずは勉学だ。彼は「詩書勤乃有、不勤腹空虚」と言った。つまり、本を読むにはまめでなければならず、あらゆる時間を使って本を読もうと、自分の経験で言っているたのだ。彼から見ると、すべての知識の獲得は勉学を前提としなければならない。次は博学だ。彼は「読書患不多」と言った。六芸の文だけでなく、他の書物も広く読まなければならない。広く読まなければ、視野を広げ、知識を広げることができない。第三に、積極的に考えることだ。韓愈は六芸の文、百家の説に対して学んでも消化できないことに反対し、読書と思考を結びつけ、目で見たり、声を出したり、考えを合わせてこそ、効果が出ると主張した。最後は行動だ。学習の最終目的は実施に行くことであり、実践は知識への応用であり、知識を検証する方法でもあり、「業精於勤荒於嬉、行成於思毀於随（業は勤むるに精しくて、嬉しむるに荒み、行いは思うに成りて、随がうに毀る）」という。つまり、勤勉と思考と行動が結びついて習慣になるということだ。彼は『贈別元十八協律六首』で「読書患不多、思義患不明。患足己不学、既学患不行。於今四美具、実大華亦栄」と述べ、「読む」「考える」「学ぶ」「行う」ことを学生が備えるべき四つの美と呼んでいた。

韓愈は儒学を復興させる立場から、儒家の道を重んじず、儒学の師を尊ばなかった当時の現実に対して、『師説』という文を書き、尊師の道を提唱した。彼は自分の経験と学習の結果と結び付けて「誰も生まれつき知っていなくて、知識の獲得は後天的な努力の結果だ」と述べ、「人は生まれながらにして知る者ではない」とし、「学ぶ者には必ず師がいた」という事実を多くの事例で指摘した。韓愈は勉学、博学を主張したが、文献知識を学習対象とした唐代では、教師の指導がなくと、文献を読むこと、さらに文献中の単語や句を認識することも困難だった。そのため、学習には教師が関与する必要がある。教師の主な役割は「道を伝え業を授け、惑いを解く」だ。「道を伝える」とは、仁義など儒家の根本的な主張を広め、治国平天下（国をうまく治め、天下を平和にする）を実現することだ。「業を授ける」とは、儒家の「六芸経伝」や古文を講義することだ。「惑いを解く」とは、「道を伝え業を授け」で起こる難点を解決することだ。三者の関係では、「道を伝える」が基本で、「業を授ける」がルートで、「惑いを解く」が方式だ。教師の職責に基づき、韓愈は「道」を師事の基準とし、「学無常師（勉学に定立の先生はいない）」を提唱し、「道之所存、師之所存也（道の存する所は、師の存する所なり）」という。つまり、「道」は根本であり、師は補助だ。年齢、貧富、貴賤を問わず、「道」があれば、誰も教師になれる。したがって、勉学に定立の先生はいないはずだ。師弟関係において、韓愈はかなり民主的だ。彼は孔子の「後生可畏也、焉知來者之不如今也（後生畏るべし。いずくんぞ来者の今に如かざるを知らんや）」という思想を受け継ぎ、弟子は師に及ばず、師は弟子に賢かる必要がないと説いた。彼から見れば、「聞道有先後、術業有専攻（道を聞くに先後有り、術業に専攻有り）」というように、誰もが自分の長所や特技を持っているからだ。お互いに学び、ともに進歩することが師としての道だ。師に学ぶのを恥じる社会の現実に直面した韓愈は、教師が本来の役割を果たせなかったためだと見ている。「構文を学ぶ」ことしか知らず、「道を伝え業を授け、惑いを解く」を知らない人が教師の仕事をしているため、そのような人は「道を伝える」の役割も果たしていないし、尊敬も受けていないはずだ。

「天の理にしたがい、人の欲をなくす」の朱熹

『朱子語類』では、「人之一心、天理存、則人欲亡。人欲勝、則天理滅、未有天理人欲夾雑者」「学者須是革尽人欲、復尽天理、方始是学」「聖人千言万語只是教人存天理、滅人欲」という。理学の集大成者として、南宋の著名な教育家、朱熹が長期にわたって教鞭をとり、多くの人材を養成し、書院（地方に設けられた学問所。唐代から始まり歴代存在したが、科挙の廃止後は次第に近代的学校に改めら

れた）の発展と教育思想に貢献した。

朱熹(一一三〇〜一二〇〇)、字は元晦。号は晦庵。本籍は婺源(江西省)だ。福建省の南平に生まれ、南宋の教育家であり、思想家でもあった。朱熹は地主官僚の家庭に生まれ、幼い頃から優れた教育を受けた。朱熹が四歳の時、ある日父親が空を指して「これは天」と言ったが、彼は続けて「天の上は何ですか」と質問し、父を驚かせた。八歳の時、朱熹が読んだ『孝経』に「不若是、非人也（そうしなければ人でもない）」という文句を書いた。子供の時、朱熹が複雑な周易八卦図を描き始めたという。十四歳の時、父の死により窮地に追い込まれた朱熹は、父の友人である劉子羽のもとで学び続け、十八歳で挙人となり、十九歳で進士となった。しかし、朱熹は生涯の大半を教育に従事し、四十年以上も人材を量産した。教学の過程において、朱熹は孔孟の道を根本とし、両宋時代に形成した理学思想を吸収、改造し、最終的に理学思想の集大成となった。朱熹は人を天地間の万物の霊とみなし、人の主体的価値を重視した。彼は孔子の仁学と孟子の「民為貴（民を貴しと為す）」の思想を受け継ぎ、発揚した。教育の過程で、彼は「天の理にしたがい、人の欲をなくす」という教育思想を貫いた。朱熹は人間性を「理」とし、「性者只是理、以其在人所稟、故謂之性」と考えた。彼は「性者人之所受乎天者、其体則不過仁義礼智之理而已」と述べ、つまり「性は理に過ぎず」は、天賦のものであり、具体的な内容は儒家がずっと提唱してきた仁、義、礼、智だ。しかし、なぜ様々な人間性が生まれるのか。朱熹は、張載・程顥の考えを受け入れ、人間性を「天命の性」と「気質の性」に分けた。「天命の性」は「理」であり、天理（自然の道理、万物に通じる道理）に与えられたので、至純至善だ。「気質の性」は「理」と「気」を対比させたもので、気には清濁の区別があるため、「気質の性」には善悪が併存する。自然の気が「清らかで純粋な者」であると、「気理一体（理は気の中にある）」の場合があり、至善と表現される。自然の気が混濁者であれば、気と理は一致せず、悪と表現される。この認識に基づいて、彼は教育の作用を「気質を変化させる」と位置づけ、「気質の性」の中の善を発揚してその中の悪を取り除く、つまり「天理を保存し、人の欲を滅す」ことだ。天理と人の欲は対立するので、教育は人の「天理を保存し、人の欲を滅す」を助けなければならない。しかし、朱熹のいわゆる人の欲とは、人の正常な欲望ではなく、「飲食者、天理也。要求美味、人欲也」ことであり、つまり「人の欲には天理がある」ということだ。したがって、「人の欲を滅す」とは、人のすべての欲望を取り除くことではなく、不当で過度な欲望、すなわち貪欲を取り除くことだ。貪欲は天理を飲み込み、生まれつきの善性を失わせてしまうからだ。教育の役割は人のを助け、「気質の偏り、物欲の弊害を取り除き、其の性を回復させ、人倫を尽す」ということだ。つまり、欲望が人間を支配することから脱し、人間を欲望から解放して善へと向かわせることだ。これにより、朱熹は、教育が人間のためのものであると考えた。当時、学生に品詞を教えたり、学生に功名を与えたりするやり方を批判した。彼は、そのやり方が人間性に反するだけでなく、伝統に反するものであると思っていた。しかし、当時の学校は逆の方向に進んでいた。「なぜ本を読むのかというと、暗唱、訓詁、文辞をするだけで、名声を釣ったり、高禄を取ったりするためにすぎない」というような状況は、朱熹から見ても反教育行為と同じだ。「利欲に走り、義を忘れ」のために、「気風が悪くなり、人材は日に日に衰える」となってしまう。

このような状況を変えるために、朱熹は教育を「小学校」と「大学」の二段階に分けた。「小学校」の段階は八〜十五歳で、基礎を作る段階として、「聖賢素地」を育成する。小学校の段階では、子供の知識が未開発のため、できる限りの小さい事、例えば、掃除、対応、進退の節（身の処し方）、愛親、敬長、隆師、親友の道などを学ばなければならない。もちろん、もし余力があれば、礼（礼儀）、楽（音楽）、弓（アーチェリー）、御（運転）、本（字を覚え）、数（計算）なども学ぶことができる。小学校の教育はできるだけ早く行うべきで、子どもが受け入れ、好きなような方式で進み、よい学習と生活習慣を身につけなければならない。大学教育は十五歳から、小学校の基礎の上で深化し、学生に修身、斉家、治国、平天下の原因を知らせ、朝廷に使えるようにする。小学校の段階が実際の鍛練に重点を置くのに対して、大学教育は学生の独学能力を育成しなければならず、「書用你自去読、道理用你自去究索、某只是做得個引路底人、做得個証明底人、有疑難処同商量而已」（『朱子語類輯略』）という。

学生が勉強するには必ず一定の原則が守らなければならない。まずは志を立てる。大志を立てる。彼は「学ぶ者は大志を立てるべきで、才能と学問は聖人にならねばならない」といい、素養を学ぶためにもっぱら人の志にあり、尭舜のような人の志を立てなければならない。次は居敬（敬虔な態度を保つこと）であり、すなわち真面目で慎重で、専心することだ。朱熹はこれを「聖門の第一義で、初めから終わりまで間断してはならない」とし、「内無妄念」「外無罔思」のようにしなければならない。したがって、「居敬」は「天理を保存し、人の欲を滅す」という重要な方式だ。「居敬」と同時に、「存心養性」を持ち、善性を発揚しなければならない。これらの工夫に加えて、学習者は自分自身を常に反省し、不良の兆候を早期に発見する必要がある。すでに発生した悪い考えと行為に対して、直ちに是正しなければならない。最後は力行（努力して実践する）で、自分の学習を実行に移すことだ。朱熹は、力行が学習効果を検証する方式であり、知見を求める方式でもあると考え、「学問豈以他求、不過欲明此理、而力行之耳」という。

「志意を順導し、性情を調理し」の王守仁

王守仁（一四七二〜一五二八）は、明代中期の思想家であり、教育家でもある。彼が生きた時代は、明王朝が安定から衰退に転じ、激働した時代であり、朝廷の公式思想とされる程朱学が硬直化した時期でもあった。王守仁は南宋の哲学者、教育家・陸九淵の哲学と教育思想を継承・発展させ、程朱学に対抗する「心学」哲学思想と教育システムを確立し、中国封建社会後期および近代教育思想に重要な影響を与えた。彼の子供教育思想は、彼の教育思想における自然主義の傾向を反映しており、十五、十六世紀にこの思想を提出したことは確かに価値があり、これも彼の教育思想の中で最も価値がある部分の一つだ。

王守仁、字は伯安、号は陽明、浙江余姚の人。諡は文盛といった。後世は王文成公と称した。『明史・

王守仁伝』によると、王守仁は五歳になってやっとしゃべるようになったが、いたずらで読書が嫌いで、ゲームが好きだった。成化十八年（一四八二）、十歳の時、父が状元に選ばれると、王陽明は父に従って上京した。金山寺を通りかかった時、彼の父は友人と集い、酒宴の席で金山寺を詩にしようと提案された。皆はまだ苦慮していたが、王陽明は「金山一点大如拳、打破維揚水底天。酔倚妙高台上月、玉簫吹徹洞竜眠（金山一点大なること拳の如し、打破す維揚水底の天。酔うて倚る妙高台上の月、玉簫吹徹して洞龍眠る）」と先に完成し、その座にいるすべての人を驚かした、また彼に月山房詩を作ってもらうと、王陽明は「山近月遠覚月小、便道此山大於月。若人有眼大如天、還見山小月更闊（山近く月遠ければ月小なりと覚ゆ、すなわちこの山月より大なりと道う。若し人天の如く大なる眼あらば、還って山小さく月更に濶しと見ん）」と詠んだ。物事を見る角度によって、見えるものが違うという意味である。京師に着いてから、在学中に彼は塾の先生に「一等の事とは何ですか」と尋ねた。先生は「本を読んで科挙の試験に合格する」と答えたが、彼は「一等の事は本を読んで科挙の試験に合格することではなく、本を読んで聖賢になることだろう」と言った。王守仁は若い時から遠大な志と抱負を持っていたことがわかる。

王守仁は教育を重視した。彼は龍崗書院（書院＝地方に設けられた学問所）を設立し、文明書院を主講した。また、濂渓書院及び白鹿洞書院を修復し、行政権を利用して告諭を発表し、郷約（村で交わされた共同遵守の規約）を制定し、社学（官府が郷鎮に設立された学校）を開設し、郷村の教化を実施した。

王守仁は孟子の「万物皆備於我（万物はことごとく我に備わっているのだ）」の思想を継承・発揮し、宇宙万物はすべて「心」の感知と認知によって存在し、すべては心の内にあり、心外ではないと考えた。教育の役割は「致良知（陽明学の実践法の一つで、良知を最大限に発揮させること）」だ。「致」とは推し及ぼし、回復、実行と到達の意味だ。良知という言葉はもともと『孟子』に由来し、孟子の「性善論」によると、「良知」が人々の「思慮しないで知り、学ばないで行なうことのできる」という天賦の道徳意識を決定したのだ。王守仁は孟子の思想を発揮し、「良知」と「天理」の間に等号をつけた。彼は『答顧東橋書』で「致吾心良知之天理於事事物物、則事事物物皆得其理矣（吾が心の良知を事事物物に致すなり。吾が心の良知は、即ち所謂天理なり。吾が心の良知の天理を事事物物に致せば、則ち事事物物は皆其の理を得るなり）」と言った。人間は私欲を除き、「良知」に従って行動すれば、自然に道徳的な基準に合う。「良知」「天理」や「心」で勉強すれば、必ずきらきらと光り輝く。王守仁の「致良知」の重要な特徴は「内求」であり、「静座澄心」あるいは「自我体認」だ。教育の役割は、知識の拡充ではなく「日滅人欲」だ。彼は「人の欲を減れば、天理を得る」と考え、「外部の力を借りなく」という本心からのアプローチで、私欲を克服し、人間の欲望を減らすのが教育の役割だ。王守仁は教育目標を「人を聖人にさせる」ことにした。

中国の伝統的な教育の中で、児童はより多く「成人」と見られ、教育・講義は単調で退屈で、児童の実際の生活から離れ、更に児童の天性を束縛していた。王守仁はこのような児童教育を批判し、児童期は人生の特殊な発展時期であり、幼苗が萌芽する時期であり、大きな教育潜在力があるとみなしていた。彼は当時の児童教育について自分の教育主張を提出した。

一　「栽培・涵養」の教育方法

王守仁は、教育が児童の年齢と心理的特徴によって行われ、児童の成長発展の規律に符合し、有利に導かなければならないと考えていた。児童の特徴から、「督」「責」「罰」の代わりに、誘導、啓発、説得の方法で、児童を「楽習不倦、無暇及於邪僻」させる（『伝習録』）。彼は学習の興味が子供にとって重要な役割を果たしていることに気づいていた。良い教育方法は子供を鼓舞し喜びと感じることができる。反対に、子供が興味のある授業方法と内容を放置すると、子供の心身が傷つけられる。また、王守仁が手配した児童の毎日の授業表にもこのような児童の性格に順応、天性に適応した教育思想が現れ、『伝習録中・教約』では「毎日工夫、先考徳、次背書誦書、次習礼、或做課仿、次復誦書、講書、次歌詩」という。午前中、子供は頭がはっきりしていて精力が旺盛で、この時に読書を手配すれば、注意力を集中しやすいだ。本を読んで少し疲れた昼前に、座った状態から起きて礼儀を習い、お辞儀をする活動あるいは手習いする過程の中でさらに筋を伸ばしたり、発想を引き出したりする効果がある。また、礼儀の学習と課業の練習は一日おきに交互に行うのが合理的で科学的だ。昼休みの後、精力が満ちあふれてきたので、先生が児童の注意力に集中している時から本を語り始め、また疲労が現れるのを待って、最後の一時間の授業は児童に自分で詩を歌わせる。また、授業方法についても、児童の特性を考慮し、「歌を歌う」「礼をする」などの方法をとり、児童の興味や天性を十分に引き出していた。王守仁は各学科の内容と性質、児童の性質、興味、注意力などの心理要素との相関性を十分に意識し、積極的にいろいろな要素を動員し、児童に「進自不能已（つい思わず勉強する）」させた。

二　個人に合わせた教育を行い、順を追って一歩々々進める

王守仁は、人の個性が異なるため、教育は学生の個性の違いによって、それぞれ適切な指導を与えなければならないと考え、「聖賢教人如医用薬、皆因病立方、酌其虚実温涼陰陽内外、而時時予以加減之、要在去病、初無固定説」（『伝習録』）という。良い教師は学生の素質、才能、知力の発展水準などの特徴によって、異なる方法で教育を行うべきだ。また、「人と学問をて論じ合うには、人の分限（才知の限度）に従うべきだ」とも述べた。「分限」とは児童の知能の発展が達成したレベルを指し、教育は児童の絶えず変化する生理と心理の特徴を考慮しなければならない。人には良識があるが、資質が異なり、子供には木を植えるように指導し、その大きさに応じて適当に水をかけなければ、成長させることができないだけではなく、むしろそれを浸してしまう。そこで、彼は子どもたちに読書を指導しながら、「凡授書、不在徒多、但貴精熟。量其資稟、能二百字者止可授以一百字、常使精神力量有余、則無厭苦之患、而有自得之美」と指摘した。教授の内容が学生の受け入れ能力を超えた場合、学生の負担を増加させるだけでなく、学生に勉強を苦にさせ、学生の知識に対する理解と掌握にも影

響を及ぼす。

三　各学科の教育の役割を十分に発揮する

教学内容の選択において、王守仁は学童に「句読・授業の模倣」を教えるだけの単調な教学内容を克服し、「歌詩（詩を詠唱する）」「習礼」「読書」の融合を主張し、各学科の多方面の教育機能を発揮させ、知識を増加させるだけでなく、情操を陶冶し、道徳・意志を育成する役割を果たすべきだ。

「歌詩」の教育作用について、彼は児童の「歌詩」を誘導するのが、彼らの意志や抱負を奮い立たせるだけではなく、児童が適度に感情を表現するのに役立ち、子供が「跳ぶ・大声で叫ぶ・号泣するなどの過度な感情表現を詠歌に変え、抑結で停滞した憂鬱な感情を音律に誘導し、児童の精神を調節する役割を果たす、と述べた。

「習礼」の教育作用に対して、彼は児童が礼儀を学習するように指導するのは、児童が道徳・礼儀規範を学習し、礼儀習慣を身につけることができるだけではなく、「周旋（付き合う）揖譲（拱手）」の習礼動作を通じて、体を鍛え、児童の身体発育に役立つ作用を果たすと述べた。

「読書」の教育作用については、「児童に読書を教えることは、知能を開発し、知識を増加させるためだけでなく、心性を保存し、道徳意識を強化し、徳性・意志を育てることにもある、と述べた。

王守仁は二十数年にわたって学問の講義をし、門生は各地に分布し、黄宗羲の『明儒学案』に載せられたのは六十七人だ。王守仁の死後、彼の弟子たちは彼の講学の伝統を継承し、書院を設立し、学術議論の会合を開いて王守仁の学説を広め、一種の潮流を形成した。王守仁の児童教育の理論と見解は、児童心理の発展法則に符合し、今日の教育実践に対してまだ参考価値があり、深く検討する価値がある。

「正言」「正行」「正教」の王夫之

「師弟子者以道相交而為人倫之一……故言必正言、行必正行、教必正教、相扶以正」。『四書訓義』の中で、王夫之は師弟が従うべき道となすべき事をこのように定義していた。すなわち、教師の教と学生の学は「道」を中心にしなければならない。これを実現するために、師弟の双方は正言、正行、正教で自分を規範する。王夫之はこの点を基本的な人倫の一つとし、教師に「必恒其教事（教育の仕事に従事するには、根気が必要である）」と要求した。これは、自分に対する要望でもあり、他の教師や学生に対する要望でもある。明末清初に暮らした王夫之は、国の破滅の現実に直面し、自分の約束を積極的に実行した。

王夫之（一六一九～一六九二）、字は農、号は姜斎で、湖南衡陽の人。晩年は石船山に隠棲し、船山先生と呼ばれた。王夫之は知識人の家庭に生まれ、四歳で私塾に入り、七歳で『十三経』を読み、「神童」

の号を得た。十歳の時に父に従って『五経』の経義を読み、古代の経史子集を広く読んだ。十四歳で秀才となり、十五歳で武昌郷試に参加したが不合格となり、県に戻って引き続き勉強した。十六歳の時に四声音韻の勉強を始めたが、その後、郷試に参加したが合格しなかった。二十四歳の時に挙人となった。しかし、農民蜂起と清軍の二重の打撃の下で、明王朝はすでに病膏肓に入り、会試（郷試に及第した挙人が都で受ける第二の試験）もできず、王夫之は途中から湖南の故郷に引き返した。まもなく李自成は北京に入り、清軍は北京を占領した。父と兄と妻が相次いで亡くなり、王夫之は清軍に対抗する義軍に参加されたが、衆寡敵せず、清軍に敗れて永暦帝朱由榔の南明政権に身を投じた。しかし、権力者の迫害により、官を捨てて荒山に逃げ込み、教育指導者と学術研究の仕事を始め、四十年にも及んだ。清王朝の統治に屈服したくないので、極めて過酷な山野で教鞭を執らせられた。彼は学生たちと「昼は山の野菜を共に食べ、夜はアカザを燃やして暖をとった。」このような状況の下で、王夫之は教授しながら著述し、八百万字の著述を残し、明清時代の偉大な教育家と思想家になった。

王夫之は明王朝滅亡の教訓を総括する中で教育の役割を深く認識した。彼は教育が国の基本だという主張をした。このような主張は、歴史に対する彼の理解に由来しただけでなく、明王朝滅亡の現実に由来していた。彼は「王者之治天下、不外政教之二端。語其本末、則教本也、政末也」と述べ、二千余年の国家興亡史は、実際には政治と教育の間の関系史であり、このような関係がうまく処理されれば、国は安定して富強になる。逆に、内憂外患こもごもあって、亡国の日も遠くない、と彼は考えた。軽重から見れば、政治は文教を本とする。先後から見れば、政令が設けられ、その後は礼楽の教育が可能になる。しかし、明代は教育を重視したが、どうして国が貧弱になったのだろうか。王夫之から見ると、これは教育の無駄によるものだ。「理学」と「心学」が盛んで、「新学（西洋の学問）」と「実学（地に着いた学問）」の信従者が少ないため、学校は存在しているが、育成された人の多くは世に役立たない庸才廃物であると王夫之は考えていた。教育は有名無実であり、国が危急になったのに、読書人と官吏はまだ口先だけの心性を空談し、しかし国の危難を助けることができなくて、結局は美しい山河を満清の貴族が労せずして手に入れた。明王朝が滅亡したには、教育に大きな責任があった。人に対する教育の役割において、王夫之は教育は人間性を更新することができると考えた。人間性は固定されているわけではないし、常に変化している。彼は「性者、生也、日生而日成之也」「性者、生理也。日生則日成也。……故善来復而無難、未成可成、已成可革」と述べた。これまでの教育家と違って、王夫之は人間性は先天的なものではなく、後天的な成長変化の中で形成されたものだと主張した。このような認識から、王夫之は教育が人の発展における役割を二つの方面に体現することを提唱した。第一に、善を受け継ぎ、それを性にする、つまり善言、善行で学生を教育し、学生の善性を絶えず蓄積させる。第二に、過ちを改めて生まれ変わり、学生が失教したことによる悪習を改める。これらの認識から、王夫之は明代の教育に対して深い反省と批判を行った。程朱理学の発達は、まず読書人の聡明な知性を閉じ込め、「その心を蝕む」ことで、民族全体の能力を抑制し、貧弱を蓄積する悪循環に陥ったと考えられた。功名利禄を利用して、学生を古臭い詩文の中に埋もれさせて脱け出せず、名利を追求し、見識が浅く目先のことしか見えず、下劣な学風を作り出した。富貴利禄を求め、学習者は一日中八股の空文を読み、実務に従事せず、はっきりとした考えがないの俗儒と、付き合って有利になりそうな人のきげんをいつも取っている人になり、国に災いをもたらし民を損なう。これらの恥知らずの徒は、困窮の時に、教育によって他人の子弟を束縛する。栄達の時に、権勢をもって国家を誤導する。王夫之から見れば、このような人々の教育こそが、国家滅亡の根本原因となっている。「物識らず」の人で教育した人は国家の権臣と各級政府の官吏に任ぜられ、国家の大きな災いであり、後に残した災いは計り知れない。

批判の上で、王夫之は国家教育弊害の根源は政治にあると指摘し、そこで次のように提案した。まず、国家教育の権力は天下の心を公にする人の手に掌握すべきで、利益集団に掌握させることはできない。学校は人材を取捨、選択する場所であり、学校を管理する権限は宦官に味方した一派に流れることになれば、「時間が経つにつれて人材はどんどん衰える」ことになる。次に、教育は学習と実行を結合させ、教育内容は徹底的に程朱陸王（程顥、程頤、朱熹、陸九淵、王陽明）の学と八股文の束縛から脱却し、経世致用の軌道に回帰し、実学教育を通じて実用的な人材を育成しなければならない。最後に、教育の内容は、文武両道であり、文を教えると同時に、戦いを教える。読書人は学者になることもできるし、また農民・商人になることもできる。

明王朝の教育空白が国の滅亡を招いた教訓を鑑み、王夫之は『六経』を生面として、「勧進学於来茲」を己の任とした。彼は教授しながら著述し、『周易外伝』『老子衍』『荘子通』『読四書大全説』『思問録』『張子正蒙注』『読通鑑論』など百三十種余り、八百万字余りの著作を完成した。『礼記章句』『周易内伝』『春秋家説』『四書訓義』など、彼の著作は教育の内容となった。これまでの教学資料に対して、王夫之は弁析、批判を経て学生に説明し、そしてこの方法を学生に教え、迷信と盲従をしないで先人から、批判の中で継承と発展し、生命力のある新しい学説を創立し、自分の発展と他人の学習に奉仕し、更に国家の強大に奉仕する。王夫之は常に慎重な批判精神で、自分で理解してから学生に教える。彼自身は古人を迷信しないで、その上で学生に泥古（昔のことに執着すること）をしないで、更に先人の章句を暗記してはいけないと教えた。彼は諸家の学説を分析と比較によって識別するべきだと考えた。教育の過程で彼は常に学生のために諸家学説の源流を分析し、それによって学生に諸家学説の要旨を理解させる。彼は特に朱陸（朱熹、陸九淵）異同、儒・仏・道三教の趣旨と心学（南宋の陸象山や，明の王陽明の学問）の誤謬を弁明し、伝統文化の優秀な部分を発揚し、糟粕のものを捨て去り、学生に批判的な継承の中で発展させ、新しい学説を創立させ、学術の新しい局面を開拓させなければならないと指摘した。

王夫之は教育と学問の講義を重視した。彼は教育を「濯愚」「啓発」活動と見なし、学生に愛情を注ぎ、自分の行動で学生を導いて前進させ、「施者不吝施、受者楽得其受」「善教者必有善学者、而後其教之益大」という。王夫之は学生の間に違いがあることを認識し、「君子之教因人而進之、有不斉之訓焉」と述べた。方法は異なるが、目的は一致し、すべて経世致用にある。王夫之はカリキュラムを五段階に分けた。

第一段階では水をまいて掃除するなど散々な対応という小さなことを教授する。

第二段階では水をまいて掃除するなど散々な対応の道理を教授する。
第三段階では正心、誠意、修身、斉家、治国、平天下などの大事を教授する。
第四段階では正心、誠意、修身、斉家、治国、平天下など大きな道理を教授する。
第五段階では大小事理の総合と運用を教え、実践に移すことができる。

教育の役割に対する認識から、王夫之は教師の責任が重大であり、慎重に自分の仕事に従事しなければならないと考えた。明王朝の教師の不合格が教育の不合格につながり、国が滅びる悲劇を生んだということを悟ったのである。そのため、「明人者先自明」つまり他人を教育する者は、自分が先に分かるべきで、さもなくば人を欺きまたみずからをも欺くものである。彼は「欲使人能悉知之、能決信之、能率行之、必昭昭然知其当然、知其所以然、由来不昧而条理不迷」と述べた。教えている人がぼんやりしていたり、大綱を得ていなかったり、要領を得ていなかったりすると、その結果は学習者をますます混乱させるだけである。勿論、無用の教育がもたらした結果を熟知し、深く体得した王夫之は、教師として必ず正言し、正行し、正教しなければならないと指摘した。王夫之から見れば、実言・実行・実教こそ、経世致用に関する実学であり、教師の言・行・教の内容である。また教師は、「講習君子、必恒其教事（講習の教師たるものは、自分の事業に対してたゆまぬ努力をすべきだ）」と言うように言・行・教を続けなければならない。

古典を読む

子曰、若聖与仁、則吾豈敢。抑為之不厭、誨人不倦、則可謂雲尓已矣。公西華[1]曰、正唯弟子不能学也。（『論語・述而』）

葉公[2]問孔子於子路、子路不対。子曰、女奚不曰、其為人也、発憤忘食、楽以忘憂、不知老之将至雲尓。（『論語・述而』）

子曰、愛之、能勿労乎。忠焉、能勿誨乎。（『論語・憲問』）

子曰、自行束脩[3]以上、吾未嘗無誨焉。（『論語・述而』）

1　字……子華、魯の人、孔子の弟子。

2　葉公……沈諸梁、字は子高、楚の葉県の県長。楚の君は王を称し、県長は公を称した。すなわち「葉公好龍」の葉公は、楚の賢人だった。

3　束修……修は干し肉で、またプロと呼ばれる。束修は十条の干し肉で、昔は初対面の時の贈り物だった。

孟子曰、君子有三楽、而王天下不与存焉。父母倶存、兄弟無故[1]、一楽也。仰不愧於天、俯不怍[2]於人、二楽也。得天下英才而教育之、三楽也。君子有三楽、而王天下者不与存焉。(『孟子・尽心上』)

孟子曰、食[3]而弗愛、豕交之也。愛而不敬、獣畜之也。恭敬者、幣[4]之未将者也。恭敬而無実、君子不可虚拘[5]。(『孟子・尽心上』)

孟子曰、君子之所以教者五。有如時雨化之者、有成徳者、有達財[6]者、有答問者、有私淑艾[7]者。此五者、君子之所以教也。(『孟子・尽心上』)

1 故……事故、災害罹患喪を指す。
2 怍……恥ずかしい。
3 食……動詞で、食べさせる。
4 幣……贈り物のこと。
5 虚拘……偽りの礼儀で人を懐柔する。
6 財……「材」に通じる。
7 淑……「叔」に通じる。艾は同「刈」、取。すなわち、淑・艾と同義で、「私淑艾」すなわち「私淑」とは、私的に拾い取るという意味であり、直接学生としてではなく、自分自身を慕って私的に独学したという意味である。いわゆる「私淑の弟子」という意味である。

君子曰、学不可以已[1]。青、取之於藍[2]、而青於藍。氷、水為之、而寒於水。木直中縄、輮[3]以為輪、其曲中規、雖有槁暴[4]、不復挺者、輮使之然也。故木受縄則直、金就砺則利、君子博学而日参省乎己[5]、則知明而行無過矣。（『荀子・勧学』）

人之性悪、其善者偽[6]也。

今人之性、生而有好利焉、順是、故争奪生而辞譲亡焉。生而有疾悪[7]焉、順是、故残賊生而忠信亡焉。生而有耳目之欲、有好声色焉、順是、故淫乱生而礼義文理亡焉。然則従人之性、順人之情、必出於争奪、合於犯分乱理而帰於暴。故必将有師法之化、礼義之道、然後出於辞譲、合於文理、而帰於治。用此観之、然則人之性悪明矣、其善者偽也。（『荀子・性悪』）

1　已……停止する、終了すること。
2　藍……蓼、一年生草本植物で、その葉を発酵させて、紺色の有機染料であるインディゴを抽出することができる。
3　輮……「煣」に通じる。木を弱火でいぶして曲げる。
4　有……「又」に通じる。槁は「熇」に通じる、烤。暴は昔の「曝」の字で、晒。
5　参……検証する。省＝考察する。
6　偽……人為、作為のこと。
7　疾悪……憎しみ。疾は「嫉」に通じる。

凡学問之法、不為[1]無才、難於距師[2]、核道実義、証定是非也。問難之道、非必対聖人及生時也。世之解説者、非必須聖人教告、乃敢言也。苟有不暁解之問、追[3]難孔子、何傷於義。誠有伝聖業之知、伐孔子之説、何逆於理。謂問孔子之言、難其不解之文、世間弘才大知生[4]、能答問解難之人、必将賢吾世間難問之言是非[5]。(『論衡・問孔』)

自古明王聖帝、猶須勤学、況凡庶乎。此事篇於経史、吾亦不能鄭重[6]、聊挙近世切要、以啓寤[7]汝耳。士大夫子弟、数歳已上、莫不被教、多者或至『礼』『伝』、少者不失『詩』『論』。及至冠婚、体性稍定。因此天機[8]、倍須訓誘。有志尚者、遂能磨砺、以就素業[9]。無履立[10]者、自茲堕慢、便為凡人。人生在世、

1　為……「畏」に通じる。
2　距師……距は「拒」に通じる。拒否する。教師を信用しないことを指し、独立して考えることができて、先生と論争する勇気がある。
3　追……問い詰めること。
4　世間弘才大知生とは、才知の広い先生。
5　難問に対する私の主張をほめてくれるに違いない。
6　鄭重……頻繁に、繰り返す。
7　寤……「悟」に通じる。
8　天機……人の悟り。
9　素業……清素の業、経典の講義を指す。
10　履立……操行を立てる。

会当有業。農民則計量耕稼、商賈則討論貨賄[1]、工巧則致精器用、伎芸則沈思法術、武夫則慣習弓馬、文士則講議経書。多見士大夫恥渉農商、差務工伎、射則不能穿札[2]、筆則才記姓名、飽食酔酒、忽忽無事、以此銷日、以此終年。或因家世余緒[3]、得一階半級[4]、便自為足、全忘修学。及有吉凶大事、議論得失、蒙然[5]張口、如坐雲霧。公私宴集、談古賦詩、塞黙低頭、欠伸而已。有識旁観、代其入地[6]。何惜数年勤学、長受一生愧辱哉。（顔之推『勉学』）

古之学者[7]必有師。師者、所以伝道受業解惑也[8]。人非生而知之[9]者、孰能無惑。惑而不従師、其為惑

1　貨……金玉を指す。賄は布帛を指す。貨賄とは、財貨。
2　札……鎧の鉄の葉。
3　家世余緒とは、代々官吏の家が保持する伝統的な地位。
4　得一階半級……小官位と俸禄を得る。
5　蒙然……ぼんやり。
6　代其入地……彼を恥ずかしく思い、地下に逃げ込もうとする。
7　学者……勉強する人。
8　先生は、道理を教えたり、学業に任せたり、難しいことを説明したりする人である。だから、……だった。儒家の道。受は「授」に通じる、伝授する。業とは、古代の経学・歴史・諸子の学・古文書を指す。惑とは、難問。
9　人は生まれたからといって道理がわかるわけではない。之とは、知識と道理のこと。

也、[1]終不解矣。生乎吾前、[2]其聞道也固先乎吾[3]、吾従而師之、[4]生乎吾後、其聞道也亦先乎吾、吾従而師之。吾師道也、[5]夫庸知其年之先後生於吾乎。[6]是故[7]無[8]貴無賤、無長無少、道之所存、師之所存也。[9]

嗟乎。師道[10]之不伝也久矣。欲人之無惑也難矣。古之聖人、其出人[11]也遠矣、猶且[12]従師而問焉。今之衆人、[13]其下[14]聖人也亦遠矣、而恥学於師。[15]是故聖益聖、愚益愚。[16]聖人之所以為聖、愚人之所以為愚、其皆

1　彼の存在する疑惑。
2　生乎吾前……生乎吾前者。乎＝「于」、次の「先乎吾」の「乎」と同じである。
3　聞……聞える、わかる。
4　(彼に）従って、彼を先生に仰ぐ。
5　私は道理を学ぶ。師、働詞に使う。
6　彼の生年が私より早いのか遅いのかを知る必要がある。
7　だから。
8　無……たとい、どんなであっても。
9　道理がある（所)、先生がある（所)。誰が道理を知って、誰が自分の先生である。
10　師道……従師の気風。道、ここには風習がある。
11　出人……人並以上。
12　なお、まだ。
13　普通の人、一般人。
14　下……以下、及ばない。
15　師に従って学ぶことを恥とする。
16　だから聖人はもっと聖明で、愚か者はもっと愚かである。益とは、ますます。

出於此乎。愛其子、択師而教之。於其身[1]也、則恥師焉、惑矣。[2]彼童子之師[3]、授之書而習其句読者[4]、非吾所謂伝其道解其惑者也。句読之不知、惑之不解、或師焉、或不焉、小学而大遺[5]、吾未見其明也。巫医[6]楽師百工[7]之人、不恥相師[8]。士大夫之族[9]、曰師曰弟子雲者、則群聚而笑之。問之、則曰、彼与彼年相若[10]也、道相似也、位卑則足羞、官盛則近諛[11]。嗚呼。師道之不復[12]、可知矣。巫医楽師百工之人、君子[13]不

1　彼自身に対して。身とは、自分自身。

2　（本当に）ばかだね。

3　子供を教える（啓蒙）先生たち。

4　文を教え、文を学ぶ。之とは、童子のこと。其とは、本のこと。句読は句逗ともいい、古人は文辞の休止と停頓を指した。文意の尽すところを句とし、語意の尽すところを読とする。古代の書物には句読点がないので、児童に教える時は句読の教育をする。

5　小さい方面は勉強しようとしたが、大きい方面はあきらめた。遺とは、捨てる、放棄する。

6　巫医……古代に祈祷、占いなどの迷信方法や薬物を併用して病気を治療することを業とする人で、巫医とも呼ばれる。『逸周書・大聚』には「巫医」に関する記述があり、一種の下男とみなされている。

7　百工……いろいろな職人。

8　相師……人を師と仰ぐ。

9　族……類。

10　年相若……年齢は同じ。相若とは、似ている、あまり差がない。

11　地位の低い人を師として、恥ずかしいと感じる。役職の高い人をを師として、媚びに近いと感じる。

12　復……回復する。

13　古代の「君子」は二つの意味があって、一つは地位の高い人を指し、もう一つは人徳の高い人を指す。ここでは前者の意味で、

歯[1]、今其智乃[2]反不能及、其可怪也歟[3]。
聖人無常師[4]。孔子師郯子[5]、萇弘[6]、師襄[7]、老聃[8]。郯子之徒[9]、其賢不及孔子。孔子曰、三人行、則必有我師。是故弟子不必[10]不如師、師不必賢於弟子。聞道有先後、術業有専攻[11]、如是而已。

士大夫に相当する。
1 不歯……これと同列にすることを潔しとせず、同列になることを恥じるという意味である。歯とは、並べること。
2 乃……竟。
3 おかしいな。其は副詞で、問い返しを表す。也歟は虚辞の連用で、疑問や感嘆を表し、「ああ」に相当する。
4 聖人には固定した先生がいない。常とは、固定したもの。
5 郯子は春秋時代の郯国（現山東郯城北）の国君で、孔子はかつて彼に教えを請うたことがある。
6 萇弘は東周敬王の時の医者で、孔子は彼に古楽の教えを請うたことがある。
7 師襄は春秋時代の魯国の楽官で、名は襄、孔子は彼に琴を学んだ。
8 老聃……老子、春秋時代楚国の人、思想家、道家学派の創始者。孔子はかつて彼に礼儀を尋ねた。
9 之徒……この人たち。
10 不必……必ずしも。
11 学問と技芸には専門的な研究がある。攻とは、研究する。

李氏子蟠[1]、年十七、好古文、六芸経伝皆通習之[2]、不拘於時[3]、学於余。余嘉其能行古道[4]、作『師説』以貽[5]之。（韓愈『師説』）

当四海一王之世、雖尭、舜復起、不能育山陬海澨[6]之人材而使為君子。則仮退処之先覚、以広教思、固其所屍祝而求者也。為君子者、又何愧焉。教行化美、不居可紀之功。造士成材、初無邀栄之志。身先作範、以遠於飾文行幹爵禄之悪習、相与悠然於富貴不淫、貧賤不詘之中。将使揣摩功利之俗学、愧悔而思附於青雲。較彼掄才司訓[7]之職官、以詩書懸利達之標、導人弋獲[8]者、其於聖王淑世之大用、得失相差、不已遠乎。

1 李蟠……唐の貞元十九年（八〇三）の進士。
2 六芸の経文と伝文はすべて普遍的に学習した。六芸とは六経、すなわち『詩』『書』『礼』『楽』『易』『春秋』の六部の儒家経典を指す。『楽』は既に失伝しており、これは古説である。経とは両漢とその以前の散文。伝とは、経典を注釈した著作。通とは、普遍的であること。
3 時代の気風に影響されず、師から学ぶことを恥としないこと。時とは習俗、当時の士大夫の中で従師に恥をさらす不良な気風を指す。
4 古人に従って師から学ぶことができる気風を賞賛する。嘉とは、ほめること。
5 貽……贈ること。
6 陬……隅々。澨とは、水に近いところ。
7 掄才司訓は人材の選抜と訓導を担当する。掄とは、選ぶ。
8 弋獲……貪取のたとえ。

然則以書院為可毀、不得与琳宮梵宇之荘厳而並峙。以講学為必禁、不得与丹竃剎竿之幻術[1]而偕行。非妒賢病国之小人、誰忍為此戕賊仁義之峻法哉。宋分教於下、而道以大明、自真宗昉。視梁何胤[2]鐘山之教加隆焉、其功偉矣。考古今之時、推鄒、魯之始、達聖王之志、立後代之経、以摧佞舌、憂世者之責也、可弗詳与。(王夫之『宋論・真宗』)

1　丹竃剎竿之幻術……道士錬丹と仏寺旗幡の幻の法術。
2　梁何胤……何胤、字は子季、男スーパーマン、勉強が好き、劉献を師と仰いでその教えを受ける。南斉の時代に国子祭酒の職を務め、郊外に室を構えて、学生を接待した。

古くから長く続いている学校の教育制度

人類がいるからこそ教育がある。つまり、教育の歴史と人類の歴史は同じように長い。学校教育は人間社会が一定の段階まで発展した産物であり、狭義の専門教育だ。史料によると、中国では殷商時代にすでに学校が存在していた。西周時代、学校教育制度はさらに規模を拡大した。古くから長く続いている中国の学校教育制度は官学制度、私学制度と書院制度を含んでいた。

官学制度

中国の教育制度では、官学制度が最も早い。それは奴隷社会に萌芽しており、封建社会全体を経ていた。

一　官学はどのようにして生まれるのか

官学は中央官学と地方官学に分けられ、中央官学は国家が運営し、経費は中央の財政が出費し、学生は手厚い待遇を受けた。例えば、「太学」は漢代の「中央官学」の主体として、国家の最高学府と全国学校の模範であり、その太学生は賦役賦税を免除する権利を持ち、授業料を払う必要がなかった。明代の「国子監」は監生（国子監の学生または国子監の学生たる資格のある人）の食事を提供しただけではなく、季節ごとに衣服、布団、冠履を支給した。節令ごとに必ず賞を与えた。また、既婚者は自分の妻子を養い、未婚者に婚資（花婿側から花嫁側に贈られる資財）を賜った。監生は省親のために里帰りする時に、賜衣・賜金を川資（旅費）とした。「地方官学」は一般的に各級の地方政府が運営し、主に府学、州学、県学などがあるが、授業料を受け取らないことも多い。例えば、明代の「地方官学」は廩生（科挙の最初の試験に合格して府・州・県の学校で学ぶ者、秀才）に学費を免除し、廩膳の補助を与え、「廩生定数外」の増広生と附生だけに少額の学費を徴収した。

古代中国の学校名はさまざまで、庠、序、校、学、塾、成均、明堂、辟雍、泮宮、霊台などがある。『孟子・滕文公上』には「設為庠序学校以教之。庠者、養也。校者、教也。序者、射也。夏曰校、殷曰序、周曰庠。学者三代共之、皆所以明人倫也」と記載され、つまり中国古代の学校名は「学校」ではなかった。学校は計画的、組織的、系統的に教育と教育活動を行う専門の場所だ。では、学校はどのような歴史的条件の下で生まれたのだろうか。

学校が生まれた歴史的基礎は、生産力の発展と奴隷制国家の形成だ。原始社会の教育は非形式的で、固定的な校舎、教師などがなく、平等的な一面があったが、大きな限界があった。教育の仕事は社会の実践過程に付随して行なわれた。生産・闘争の経験を積むにつれて、銅器、鉄器は石器の代わりに生産の道具になり、農業と牧畜業は採集と漁猟の代わりに主要な生産事業になり、それによって物質製品が豊富になり、人類の消費以外にも大量の余剰があった。部族の首長は彼らの特殊な地位、特に彼らの手中（管轄の範囲内）の軍隊を利用し、これらの余剰の果実を自分のものにして、社会の中で次第に階級を形成し、奴隷制の国家を生んで、圧迫、搾取のない社会はなくなった。統治者が政権を固めるためには、一連の統治方法を後代に引き継がなければならない。これが古代学校が生んだ歴史的土台だ。

学校が生まれた客観的条件は、体脳分業と専任教師の出現である。統治者のニーズを満たすために、特権者の子弟は祭祀、軍事統治及び生産、文化芸術、宗教方面の知識を学ばなければならない。このような多くの知識は、決して統治者の実際の生活の中で付随的な学習によって獲得できるものではなく、専門機関を組織してその事を専ら処理し、専門の人員を任用し、また教育を受ける者を他の事務から離れ、一心不乱に学習と研鑽に専念させなければ、順調に任務を遂行することができない。生産力が発展した後、一部の人はもっぱら頭脳労働に専念し、肉体労働と頭脳労働の分離は、まさにこの需要に適応し、学校の創立に前提を提供した。

文字の誕生も重要な促進作用を果たした。文化教育の視角から見て、もう一つの要素は学習内容と非常に関係があって、それは社会の発展に伴って誕生した文字だ。古代の文字は一般的に図形文字で、物事のイメージによって簡単な図形を描き、記憶の助けとして考えた。その後、象形文字、表音文字と表意文字が現れた。このように、文字は当時の人類が文化知識の経験を記録する唯一のツールとなった。文字が誕生してからこそ、専門的に教育を行い、組織で講義を行う主要な場所――学校を設立することができ、専門的に教育に従事し、文献に基づいて知識を伝授する人――教師が現れるようになった。文字がなくて、教育が口で教え身をもって手本を示すだけでは、このような意味の学校は現れなかった。文字の誕生と学校の出現は直接的な関係にあるのだ。

二　官学の栄華と衰退

官学制度は私有制の興隆と国家の形成に伴って出現したものであり、奴隷社会は既にその原型を現した。『孟子』によれば、夏商周三朝はすでに名称の異なる学校を建てていた。ここでは夏代の学校について言及しているが、関連文化財の確認はされていない。文献によると、殷商時代の学校は大学と小学校があった。この記載は既に甲骨文の裏付けを得た。『礼記・王制』では「殷人養国老於右学、養庶老於左学」という。右学は大学、左学は小学校だ。大・小学校の区分を見ると、当時の教育は教育者の年齢などの影響を考慮し始めていた。大、小学校は主に王都にあり、地方にも相応の学校がある。自分の統治を守るために、殷商の学校では主に宗教と軍事の内容を教え、同時に読み書きも教えていた。西周の時期になって、比較的に完備な学校教育体制はすでに創立され、もし関連した記録を総合的に整理するならば、簡約に西周の学制システムを見ることができる。西周の学校は国学と郷学の二つの系統に分かれていた。国学は王都にあり、大学と小学校に分かれていた。郷学は地方に置かれ、諸侯の都に置かれたものは、「泮宮」と呼ばれた。国学、郷学、泮宮はすべて「六芸」(礼、楽、射、御、書、数)を基本とした教育内容で、内容の難易度が違う。

秦が天下を統一した後、中央集権を強化するために、私学を禁止する厳しい措置を取った。秦は吏を師とする制度を採用し、奴隷社会時代の「官師合一」を復活させた。『韓非子・五蠹』には「故明主之国無書簡之文、以法為教。無先王之語、以吏為師」とあり、官学制度は発展できなかった。漢代に至り、初年の「休養生息(動乱の後で人民の負担を軽減し生活を安定させる)」を経て、漢武帝の時代に至り、社会生産力は明らかに向上し、教育の発展に一定の物質的条件を創造した。漢王朝は更に中央集権を強化し、管理水準を高め、封建社会の発展を強固かつ推進するために、学校教育の発展が必要だった。

前漢の儒学者・董仲舒は歴史の経験と教訓を総括し、三大文化教育政策を建言したため、中国の歴史に影響のある政治家や教育者になった。彼は孟子以後の儒家の忠

漢代太学画像煉瓦：儒学講経図

実な信者で、「三年不窺園」の精神で『春秋公羊伝』を専攻し、学者たちに重んじられた。武帝が儒教による教学の体制を整えようとしたとき、彼はいわゆる三つの文教対策で第一位を獲得し、群儒の首に推された。三大文教対策の主な内容は、百家を罷免し、儒教を独尊し、思想の統一を実現することと、太学を興し、教化・美俗を行い、賢才を採用することであった。董仲舒の三大建言は、当時の政治、経済、文化教育の発展の需要に適応し、漢代の思想の統一と文化教育の発展を促進し、春秋戦国以来の百家争鳴の現象を終わらせ、中国全体の封建社会の思想と文化教育に深遠な影響を与えたと言える。後漢初期の歴史家・文学者班固は「推明孔氏、抑放百家、立学校之官、州郡挙茂才孝廉、皆自仲舒発之」(『漢書・董仲舒伝』)と言ったように、これで官学制度は新たな発展を遂げた。

漢代には中央と地方に官学が置かれ、中央官学には太学、鴻都門学、宮邸学があった。

武帝は、紀元前一二四年に太学を設立し、後漢の最盛期には三万人余りの規模に達した。国家管理の重要な機構として、太学の設立も「百家を罷免し、儒術を独尊する」という統治宗旨が文教の方面に具現されていたので、教授の内容を必ず儒家経典に向けた。漢代の教学は、経書によってそれぞれ伝えられるため、その説はそれぞれ異なっており、様々な流派を形成していた。『五経』の異同を統一するため、前漢宣帝の時、太学博士と名儒を集めて石渠閣で『五経』を論定し、後漢の章帝も博士と名儒を率いて白虎観で『五経』を数カ月間にわたって論定し、最後に班固により太学の統一教材『白虎通義』としてまとめられた。その後、太学の学生たちは試験の第一位を争うために、賄ろで教材を変えたと告発され、霊帝が蔡邕らに今文(漢代の文字で書かれた経書)『五経』及び『公羊伝』『論語』

の検定を命じ、石碑に刻んで太学に立てた。これが漢代の法定と恒常の教材「熹平石経」だ。太学の教学方式は比較的に柔軟で、その組織の形式と方法は大きく三種類がある。一つは集会で講経する。第二に、学生は自分で勉強し、教師は啓発する。第三に、論点を論駁し、疑義を互いに主張する。学生の勉学を激励し、学生の学習成果を評価するために、太学は比較的に完備した試験制度を確立した。

漢代の太学は中国教育史上最初の完備的な規則規程、史実に根拠があって考察できる学校だ。創始から清末まで、歴代の最高学府は太学と称されることが多かった。このことから、その影響は非常に深く大きいものであることがわかる。

鴻都門学は後漢の霊帝によって創立され、都に設けられた鴻都門で全国に名が知られていた。太学と違って、儒家経典を研修することを主として、鴻都門学は文学と芸術を専攻し、これは漢霊帝個人の詩文趣味と極めて大きい関係があった。その学生は主に役人に推薦されたもので、規模が大きい時千人に達した。また、漢代の地方官学もかなり発達していた。史料の記載によると、漢代で最初に地方教育事業を興したのは、漢景帝の時の蜀太守・文翁で、漢代の地方官学を創建することに対して提唱した功があった。彼が地方教育事業を発展させるために取った措置は二つあった。一つは地方政府の行政支出と経費を節約することを通じて、地方の官吏を京師に研修に行かせ、「受業弟子（直接に教えを受ける学生）」は学成りて官になったり教学になったりする。一つは成都に学宮を建立し、下県（条件の悪い県）の子弟を招聘して学官（教化を司る官職または官学教師）の弟子にした。王莽が政を執った際には、古制復活のための一連の措置の一つとして地方学校体系を確立した。彼の提唱により、平帝元始三年（西暦三年）に地方官学系統——郡国曰学、県道邑侯国曰校を発布した。校・学には経師（経書の講師）一人を配置する。郷は庠といい、聚は序という。序・庠には『孝経』の講師一人を配置する。漢代の官学は封建官学の初期段階で、システムが完備していなかったが、後代学校制度の発展のために初歩的な基礎を築いた。

魏・晋・南北朝時代の政局は不安定で、戦乱が頻繁で、官学制度の発展も深刻な影響を受けた。魏の建国初期には、厳格な試験制度を採用するなどの措置で荒廃していた太学を初歩的に回復させ、太学の教育と文科官僚の選抜を結びつけた。西晋は、曹魏の太学を興した成果を受け継ぎ、中央に国子学を設立して貴族の子弟を募集した。太学は一時繁栄し、人数は多い時に七千人以上に達した。東晋は、中央官学制度において西晋のやり方を踏襲したが、中央の力量が弱く、地方ごとに官学の差が大きかった。

南朝劉宋の時代に儒学館、玄学館、史学館、文学館を設置し、専攻によって学生を募集し、宋明帝の時に総明観を設置した。梁武帝の時、中央に五館、国子学、集雅館、士林館、律学などを設立した。陳朝の国学は起伏が激しく、総体的には衰えていった。北の中央官学には、北魏の太学、中書学（国子学）、皇宗学、北斉の国子寺、北周の太学、麟趾学（文学教育）、露門学（初等教育）などがある。また、北朝には中央官学のほか、律学、書学、算学など、人文、自然など様々な専門学校が設置されていた。北朝の地方官学も前期より発展し、北魏・北斉・北周の三朝が地方に学校を設置した。『北史・儒林伝上序』では、「衣儒者之服、挟先王之道、開黌舎、延学徒者比肩。励従師之志、守専門之業、辞親戚甘勤苦者成市」という。魏の孝文帝は州郡に学校を設立しただけでなく、郷党にも学校を置いた。教学内容から見ると、この時期の教学は主に経学であり、玄学などの思想の影響を受けていた。つまり、南北朝時代には、不安定な政局の影響で官学が興廃されたが、おおむね、南朝よりも北朝の方が官学が発達していた。

隋・唐は分裂の局面を終え、統一的な封建帝国を創立した。政治が次第に安定し、経済が次第に繁栄していくことは、隋・唐時代の官学制度の発展のために条件を定めた。隋の時代には中央に国子学・太学・四門学・書学・律学・算学が設置された。律学は大理寺の管轄だが、その他の諸学は国子寺の管理だ。国子学は貴族の学校だ。太学、四門学は一般庶民に向け、良識と才能のある人を選んで、『五経』を学習内容とした。書籍学、算学、律学はいずれも専門学校であり、専門人材を養成する。唐代の官学は隋を継承する基礎の上で、大きな発展があった。唐代には中央に国子学、太学、四門学、律学、書学、算学、崇玄学が設置された。これらの専門学校のほかに、中央には更にいくつかの学校が併設され、該当部門が窓口で管理していた。東宮には崇文館が、門下省には弘文館があった。太楽署、太医署、太卜署などはそれぞれ学生を募集し、楽舞、医薬、卜筮など方面の人材を育成する。太史局には天文学、暦法、漏刻などの専門学校を附設して相応の人材を養成した。地方専門学校は府学、州学、県学があった。一部の府州には医学校もあり、地方に奉仕する医学専門の人材を養成した。『旧唐書・百官志四下』では、「貞観三年、置医学、有医薬博士及学生。開元元年、改医薬博士為医学博士、諸州置助教」という。また、唐代には門下省の弘文館は詳正図籍で学生を教授し、東宮の崇文館は経籍図書で学生を教授する特殊な学校もあった。以上の二館は行政・研究・教育を兼ねており、一般の学校とは異なる。つまり、多種の形で学校を運営することは、唐代の官学の大きな特徴だ。

宋代の中央官学と地方官学は唐の制度を踏襲しながら、また革新的だった。中央官学では国子学、太学、四門学、広文館などが総合的な性質を有していたが、国子学は学校管理の機能を併せ持ち、太学三舎法（太学三舎法とは、太学を上舎、内舎、外舎の三つに分ける。学生が入学する時、一律に外舎に編入する。その後、学生の表現と評価状況によって、逐次的に内舎と上舎に進学する）などの新しい教育方法と評価体制をとった。四門学と広文館は、受験生が科挙試験を受けるために設立された予備校で、専門的な性質として書学、律学、算学があり、また武学と画学が加わった。これらの総合と専門学校のほかに、宋代の統治者は自分の素質を高め、自分の統治を維持するために、皇室の子孫のために資善堂、宗学など貴族学校を設立した。統治者の重視により、宋代の地方官学は大きく発展した。前期の何人かの皇帝は地方官学を発展させ、土地を賜るなど地方官学の発展を促進した。慶暦興学と熙寧興学はさらに宋代の地方官学の発展を促進し、空前の興隆であった。南宋の孝宗に至ってからは、官学は戦争などの影響で衰退していった。宋代の地方官学は、州・府・軍・監に設置された州学・府学・軍学・監学と、県に設置された県学に大別される。すべての地方官学の中で、州学と県学が多かった。宋代の地方官学は教学制度に革新があり、太学の三舎法を導入し、同時に教育家・胡瑗の分斎教学制度を普及した。

元代の官学は、同様に中央官学と地方官学に分けられた。中央官学には国子学、蒙古子学、帰国子学があり、国子学の設立は主に先進的な漢文化を吸収するためだ。学生の出所は比較的に広範で、異なる民族に関連し、モンゴル族が多かった。統治者は国子学の管理を強化し、積分などの方法を実行して学習を促した。モンゴル国の子学は主にモンゴル文化を発揚し、モンゴルの人材を育成することを目的としていたが、学生の由来はモンゴル族に限らなかった。『元史・選挙志一』では「漢人私試、孟月試経疑一道、仲月試経義一道、季月試策問、表章、詔誥科一道。蒙古、色目人、孟、仲月各試明経一経、季月試策問一道。辞理倶優者為上等、準一分。理優辞平者為中等、準半分。毎歳終、通計其年積分、至八分以上者昇充高等生員、以四十名為額、内蒙古、色目各十名、漢人二十名。歳終試貢員不必備、惟取実才。有分同闕少者、以坐斎月日先後多少為定。其未及等、並雖及等無闕未補者、其年積分、並不為用、下年再行積算」という。また、西域諸国との交流の必要から、元王朝は帰国子女学を設けてペルシャ文字を学び、外国語の人材を養成した。帰国子女学は初期の外国語学校だ。このような専門的な中央官学のほか、元代の中央機関である例えば太史院などにも専門的な人材を養成する学校があった。学習内容を見ると、元代の地方官学は儒学や科学技術、言語などの専修学校に分類された。儒学学校は主に行政区画によって設立され、路、府、州、県などの行政単位には相応の学校が設けられ、その中で社学が最も特色がある。元制五十社を一社とし、各社に学校を設け、経書に精通した者を教師とし、教育を施し、農閑期の子弟を入学させ、『孝経』『小学』『大学』『論語』『孟子』を読み、勧農桑を主な任務とした。

明王朝の統治期間は三百年近く、官学制度は先代を継承した上で、引き続き発展してきた。明代の官学も中央と地方に分かれていた。中央官学には主に国子監、宗学、武学などがあり、明代の統治者は北京、南京にそれぞれ国子監を設立し、規模が広大で、環境が美しく、『四書』『五経』を学習内容とし、教学面では実践を強調し、学生に一定の期間を経て各部門に実習するよう求めた。宗学は中央の皇族の子弟のための貴族学校だった。国子学や宗学のほか、明代には中央地方に武学が設置され、武官や勲位の子弟を教習していた。明代の地方官学は科学技術、社会学、儒学などの類があり、比較的発達しており、各地方行政区、軍隊内に学校を設立しただけでなく、貨物の集散地や辺境にまで儒学があった。

清朝の統治者が中原に入植すると、文化教育事業を大規模化し、自身の統治を維持した。『経世文続編・巻六五』では、「自明科挙之法興、而学校之教廃矣。国学府学県学、徒有学校之名耳。考其学業、科挙之法之外、無他業也。窺其志慮、求取科名之外、無他志也。其流弊至於経書可以不読、品行可以不修、廉恥可以不講」という。官学の種類は前代より豊富で、主に国子監、覚羅学、宗学、旗学、露文館などがあった。国子監は教育機関であり、管理機関でもある。学生は貢生と監生の二種類があり、『四書』『五経』を主に研究・学習する。覚羅学も宗学も清王朝の貴族のための学校であり、前者は覚羅の貴族の子弟のためだけの学校だった。旗学は主に旗人のために設立され、八旗官学、景山官学などの種類があり、それぞれの機関に属して管理されていた。ロシア文学館はロシア人留学生の需要に応じて設立され、ロシア語の人材を養成する専門学校として発展したが、廃止された。清代の地方官学は主に儒学であり、府、州、県の行政区画内に相応の学校を設立した。儒学の学習内容は主に『四書』『五経』であり、同時に清朝の律例、聖諭などの方面の知識も学ばなければならない。

清代の官学制度は基本的に明代を踏襲していたが、長期的な発展の過程において、独自の特徴もあった。第一に、八旗の子弟教育を重視し、各種の名目的旗学を広く設立した。第二に、府、州、県学に「六等放陟法」を創立し、学生を動態的に管理し、彼らの昇降を学業成績と緊密に連携させた。また、ロシア語の人材育成を重視し、国子監では分斎教学制度などを実施していた。清朝はすでに封建社会の後期に入ったが、順治、康熙、雍正、乾隆の時期に、学校教育は大きな発展を遂げ、人材育成と社会発展に積極的な役割を果たした。しかし、嘉慶、道光以後、学校は有名無実となり、封建教育は近代新式教育所に取って代わりし、すでに歴史発展の必然的な趨勢となった。

私学制度

私学は官学とは対照的な民間の学校運営形態だ。一般的な意味では、政府が実施せず、国家の正規学校制度にも含まれない教育や教育活動は、すべて私学の範囲内で行われるべきだ。中国の古代私学の教育実践を総合的に見て、いわゆる私学とは、三つの具体的な意味を含んでいた。第一は、私立学校を指す。春秋時代末期から戦国時代にかけて孔孟顕学から諸子百家に発展し、「官守学術」から「百家争鳴」に変化し、私設の学派の地位を確立した。第二に、個人的に集まって講義することだ。先秦の諸子はほとんどが個人講学に従事し、「学在官府」（官師合一）の局面を打破し、漢・唐・宋・元・明・清では多くの経学の大家が個人講学に従事した。第三に、漢代の書館・精舎、宋代の書院・塾など、私的に設立したり主宰したりする学校だ。私学は中国においても歴史が古く、中国の教育発展史において重要な位置を占め、中国の文教乃至社会の各事業の発展に重要な貢献を果たしていた。

一　私学の誕生と儒家、墨家の顕学

学校の運営形態は、その社会・政治・経済構造に決定される。教育運営はその時代の社会や経済に反映される。社会発展の異なる段階で、生産資料の具体的な占有、分配、交換などの方式が異なるため、その学校の運営形態は異なる性質を呈した。夏・商・周の時期時期に、生産資料が国有であるため、この時期の学校運営形態は官学しか存在しなかった。中国における私学の出現は私有制が発生した後に現れた教育形式である。春秋時代に始まり、戦国時代に発展した。私学誕生の具体的な原因は以下の通りだ。

私学を生み出した経済基盤。私学は春秋時期から始まり、春秋時代の社会経済発展と密接に関連していた。春秋時代、春秋時期、鉄製の農具と農耕技術の広まりと灌漑施設の発展により農業の生産力が大きく向上した。土地私有制は急速に蔓延し、「私肥于公（個人の財産は国家を上回った）」現象が発生し、直接に士人階層（士人とは、昔は読書人を指し、中国の古代文人知識人の総称でもあった）

の台頭を促した。春秋戦国時代の経済力は、政治に携わる頭脳労働者を養うだけでなく、働かない頭脳労働者を養う「不治而議論者（具体的な行政の仕事を担当しないで、もっぱら政治と学問を議することを業務にする）」だったといってもいいでしょう。

私学を生み出した政治的原因。春秋時代は古代社会が激動した時代で、当時の政治闘争は極めて複雑・激烈で、各国の統治者は大量の社会の実際問題を解決できる人材を必要とし、「賢人」の補佐が必要で、士、農、工、商も大いに「尚賢」、「挙賢」を鼓吹した。しかしそれまでの官学は、氏族の貴族の専有物であったため、これには到底適応できなかった。官学が没落し、公卿様が公に「無学にしてもいい。無学にして害はない」（『左転・昭公十八年』）と言ったほどである。「尚賢」の時代的要求は、私学の台頭、処士横議（官職のない読書人は時政について気ままに論じている）、人材輩出の政治的原因だった。

文化は、官府に掌握された形態から民間に移されると、学術が繁栄し、私学の隆盛を推し進めた。政治権力の下向きは「文化下移」の前提だ。

春秋戦国の時期に、各種の特権は天子から諸侯へ、そして大夫から臣へと、次第に下っていった。文化・学術の特許権も、貴族の垣根を越えて民間に移った。官学の退廃に加えて、文化典籍も民間に散逸し、「学在四野（学術は四方にある）」の局面に至り、民間の学者は学術争鳴の自由を獲得した。彼らは伝統文化を継承・批判し、大変革時代の新しい成果を総括した上で、各種の新しい学説を立て、私学の創設を推進した。

私学の草創と孔・墨両大学派の顕学。春秋末期と戦国中期は、私学の初期段階であり、主に孔、墨の二大顕学の勃興を表した。私学は、孔・墨以前にすでに各地で発生しており、学風は異なっていたが、影響は大きくなかった。正確に言えば、私学の大規模な発展はなかった。孔・墨両大学派が誕生すると、当時の学術思想を支配した主流となり、いわゆる「世之顕学、儒・墨也」(『韓非子・顕学』)、「孔墨弟子徒属、充満天下」(『呂氏春秋・有度』)となった。

顕学と呼ばれる儒・墨私学の中で、孔子が創始した儒家私学の影響が大きい。孔子は私学の集大成であり、「孔子以詩、書、礼、楽教弟子、蓋三千焉、身通六芸者七十有二人(弟子は蓋し三千、身六芸に通ずる者七十二人なり)」(『史記・孔子世家』)という。孔子儒家私学誕生の意義は、次のように要約された。孔子が「自行束脩以上、吾未嘗無誨焉(束脩を行うより以上は、吾未だ嘗て誨うること無くんばあらず)」(『論語・述而』)という「有教無類」の教育原則で学校を運営し、教育の対象を拡大した。孔子は儒家の私学のために『六経』(『詩』、『書』、『礼』、『楽』、『易』、『春秋』)と呼ばれる教材を編纂し、中国古代の伝統文化を保存するために不滅の功績をした。孔門私学の教育は方法にかない、個人に合った教育を施し、古きをたずねて新しきを知り、学習と思考を並行するなどの教育の原則と方法が多彩で、効果が大きかった。

墨家の業績は儒家に次ぐ。『墨子・公輸』では、墨子は弟子三百人を自称した。墨家私学は組織的な団体であり、規律が厳格であり、弟子が義のために戦うので、多くの人は水火も辞さなかった。墨家は「平民化」の立場を代表し、実用的な科学知識と技能の伝授を重視した。墨子のあとは儒学が次第に天下を統一したため、科学技術は長足の進歩を得られず、ずっと中国古代教育の一つの残念な事であったが、科学技術知識を伝授する墨子私学の教学内容・方法は、中国古代科学技術教育の先駆となった。

二　稷下学宮……古代中国大学教育の模範

稷下学宮は、稷下之学とも呼ばれる。戦国時代の斉国の有名な学府だ。いわゆる「稷下」とは斉国都城・臨淄の稷門付近にあった地名で、現在の山東省淄博市にあたる。斉の君主である斉桓公がここに学宮を建て、稷下学宮はこれに由来した。稷下学宮の歴史は古く、斉の桓公、斉の威王、斉の宣王、斉の湣王、斉の襄王、斉の建王の六代君主を経て、百五十年に及んだ。稷下学宮はどんな性質の教育機関なのか。その特徴と機能と影響は何か。

まず、それは、官学でも一般私学でもない特定の歴史的条件の産物である。官学の優れた伝統を生かしつつ、私学の長所を取り入れた特色があったといえる。

公設私営による運営形態。稷下学宮は斉の公的出資によって建てられたもので、その目的は「養士・用士（各地から多くの学者を集める）」だった。したがって、稷下学宮は主催者と建学の目的から見れば官学だ。しかし、稷下学宮の基本的な構成、運営メカニズムには明らかな私学的特徴が現れていた。各学派はここに集まり、教学と学術活動は独立しており、政府は関与していなかった。学宮の指導者は一般的に名望のある民間の学者が務めるため、稷下学宮は官が主催し民が主管する特殊な形の学校だ。

いろいろな人材を取り入れ、自由に学校を運営する方針。稷下学宮の創設は、斉の統治者が「天下を争う者は必ず先に人を争う」という目的で、派閥にとらわれた偏見を破り、国別、派閥を問わず、「治国の術」があれば取り入れ、稷下の中に一定の地位を与えるようにした。儒家、道家、法家、陰陽家、名家などはいずれも稷下に集まって講義を行い、本を書いて説を立てる。朝廷は干渉と制限を加えないだけでなく、各学派の観点を公平かつ公正に扱う。各派は互いに論争しながらも、自覚的に吸収し合い、融和に向かっていった。そのため、荀子のような人望を集める集大成者が現れたのも不思議ではなかった。

賢士を尊び、稷下の学者は優れた待遇を受けた。斉の君主は稷下の学者に対して十分な人格上の尊重を与え、自由に政治的観点を発表することを奨励し、常に

稷下学宮の遺跡

学者たちの治世に関する意見に耳を傾け、受け入れた。学宮には祭酒、博士、先生などの学術の肩書きのほか、卿、上大夫などの爵位を与えられ、孟遇、荀況などは卿とされた。また、優れた物質的待遇も斉の君主が人材を引き寄せる要因となった。稷下で先生たちのお宅は壮観で、とても魅力的だ。

稷下学宮では、自由に行き来する学生たちを民主的に管理した。学宮は学生が自由に授業を選択することを許可し、派閥の壁がなく、学生の視野を広げ、学生の知識を豊富にした。稷下学宮は中国教育史上最も早い、世界初の寄宿学校の学生守則である「弟子職」を制定し、学生の生活、修養、学習に対して全面的な要求を提出し、学生管理の規範性を保証し、教学活動を順調に進行させせた。中国の文学者・歴史学者である郭沫若は「稷下学宮の設置は、中国文化史において実に画期的なものであった……学術思想を自由研究の対象とするように発展することは、社会の進歩であり、言うまでもなく学術思想の進歩を促していた」「周秦諸子の盛況はここで形成された最高峰だ」（郭沫若『十批評書・稷下黄老学学派的批判』）と述べたように、稷下学宮の建学特色は中国古代の大学教育の模範とも言える。それは、後世の学校教育に大きな影響を与えた。

私学の創設・改廃

秦王嬴政が六国を滅ぼした後、君主専制を強化するため、私学を厳禁する政策を取った。漢初には、民衆を休養させるために、支配者は道家の策略を用いて、諸家の併存を許した。統治者は挟書律（秦の始皇帝の時、民間で書物を所蔵するのを禁じた法律）廃止するなど開明的な文教政策によって、漢朝の私学をかなり発展させ、当時の官学不足の弊害を補い、民衆の教育願望を満足させた。漢の武帝は儒学を尊び、「罷黜百家・独尊儒術（百家を廃し、儒術のみを尊敬せよ）」を実行した。しかし、統治者は私的な講義を禁止しなかった。官学の講義である今文経学とは異なり、私学の講義では古文経学が主となっていた。漢代の私学は、レベルの高低によって大きく三つのタイプに分けられた。一つは、蒙学（啓蒙性質の学塾。幼稚園や小学校に相当）性質の私学だ。これらの私学は一般に書館あるいは家館と呼ばれ、主に識字（文字を覚える）と習字を目的としていた。第二に、専門の基礎性質の私学だ。このような機関は郷塾と呼ばれ、蒙学の識字教育の成果を強固にし、より高い学習段階に入るための事前準備として設置された。学習内容は『孝経』『論語』などであり、『易』『漢詩』『書』に対しては融通のきかない規定をしなかった。第三に、専門教育の性格を持った私学だ。このような機関は「精舎」あるいは「精廬」と呼ばれることが多く、教鞭を執る人は有名な学者・大儒であり、多くは学問と治国の術を研究することを創立の目的としていた。私学のこれら三つの類型は、お互いの間に大体分業があり、第一類は教育の初級段階と見なされ、第二類は習経段階に相当し、第三類は専門段階の特徴を持っていた。しかし、それらの間にはお互いに多くのコミュニケーションがなく、それぞれ勝手にふるまい、厳密な階段構造システムを形成していなかった。

政治的動乱で魏・晋・南北朝時代の官学が衰退し、私学が発展する契機になった。魏・晋時代の私学は漢代の成果を受け継ぎながらも、独自の特色を持っていた。従来の私学が儒家の内容を中心にしていたのに対し、同時期に私学が教える内容が多様化してきた。儒学が時代問題に対応することに窮したため、この頃の私学は教学内容において儒学が支配的な官学教育の伝統を突破し、さらに玄学、仏教学、道教、科学技術の常識などを教え始めた。また、魏・晋時代の私学が網羅された範囲はさらに広く、酒泉、敦煌などの遠隔地にまで私学が設置されていた。授業内容の多元化、カバー範囲の広範性を見ると、魏晋の私学は前の時代より発展していた。

南北朝時代の私学は更に発展した。運営主体の出所は更に広範で、名家の大儒、隠遁の人もあれば、富豪貴族

清代の私塾

もあった。教育内容を見ると、前期に比べてもっと広く、医学も私学が教える内容になっていた。私学がカバーした範囲から見ても、魏・晋時代より発展し、一部の有名な師が主催する私学には、常に学子が千里を遠しとせず身を寄せに行った。私学の形式から見ると、南北朝時代の家学が発展し、「上智不教而成、下愚雖教無益、中庸之人、不教不知也」（『顔氏家訓・教子』）という顔之推の『顔氏家訓』などの古典的な家庭教育作品が現れた。この時の啓蒙教育も重大な突破を得て、児童啓蒙教育の経典『千字文』はこの時に本になった。また、南朝でも北朝でも、私学は当時流行していた玄学の影響を受けており、南朝・北朝で影響の程度が異なるに過ぎない。

隋文帝楊堅は勉学の詔令を発布し、私学の発展を奨励し、支持した。唐代の支配者は隋の開放的な私学の政策を引き継ぎ、私学の発展を奨励した。唐の玄宗、中宗、睿宗などはすべて詔令を発布し、私学を支持、激励したことがある。政策の開明、経済の繁栄などは私学の発展に役立ったため、私学は隋唐の二代において大きな発展を遂げた。同時期の官学とは違い、私学はより多くの基礎教育と文化伝承の任務を引き受けていた。私学のレベルによっては、隋・唐の私学には初・高級の別があった。初級私学は、主に啓蒙教育と日常生活の基本的な常識を教える。初級私学の形式は、主に郷学、村学、塾、家塾、家学などがある。郷学は主に本郷の学生を対象としていた。村学は本村及び隣村の児童を入学させ、村学は一定の公益の色を帯びていた。家塾は家族によって行われた。家学は父母と兄が教師を務めた。初級私学は学生たちに『千字文』などの啓蒙教材のほかに、教師が平易な詩を教え、唐詩の繁栄の基礎を築いた。高級私学は専門的な経学と専門知識を教える。教師の大部分は官僚、学者などから由来し、伝授内容は広範であり、儒学のほかに譜学、文学、科学技術・医薬などの内容に関連し、中国最初の臨床医学百科事典『千金方』はこの時に現れた。

宋・元・明・清時代の私学は、基本的には先代の様式を踏襲し、低級な蒙学教育と高級な経館教育に分けられた。書院もこの時期の私学の重要な形式だという指摘が出ていたが、その内容については後で議論する予定だ。ここで取り上げられたのは、主に書院以外の四つの私学教育を指す。

蒙学は啓蒙教育に力を入れており、塾や郷学などとも呼ばれる。蒙学の大部分は個人が創設したものだが、あるものは家族が創設したものだ。蒙学の対象は主に児童だが、成人男子もいる。蒙学教育を受けた後、一部の学生はより高級な私学の段階である経館の段階に入る。科挙制度のため、読書人が官職につくためには、必ず経学教育を受けなければならない。これは、経学私学の発展をある程度促したことになる。四書五経を教材とし、その他に文学、詩賦散文などを学んだ。このように、経館教学内容の設計は科挙制度の影響を強く受けていた。特に、元・清二代では漢民族の私学教育が発達しただけでなく、モンゴルなどの民族も私学の発展を重視した。民族地域私学の発展は、民族文化の伝播に重要な役割を果たした。明代の私学の教育内容と教材は最も特色がある。「三」(『三字経』)、百(『百家姓』)、千(『千字文』)」などベストセラーのほか、雑字書も流行した。その編法はある程度の革新があり、語彙分類、韻語分類、雑言分類などがあり、多くは成文に属し、押韻は簡単で、ねらいがはっきりしていた。明代には、呂得勝・呂坤父子の『小児語』や『続小児語』などの幼児教育教材も数多く再版されていた。

書院制度

書院は中国古代特有の教育組織形式だ。最初に唐代の蔵書所としてスタートしてから、千年の歳月を経て、書院は次第に蔵書、教学と学術を一体とした特殊な教育の場になり、中国文化の伝承、学術思想の革新に大きな役割を果たした。中国古代の三大学術思潮、宋代理学、明代心学、清代朴学はいずれも書院と密接な関係があった。中国の国学研究者・銭穆はかつて「中国の伝統的な教育制度は、書院制度に勝るものはない」（銭穆『新亜遺鐸』）と言っていた。しかし、近代中国社会のモデル転換に伴い、書院制度は廃止され、その長期にわたって伝承されてきた教育の経験と精神は人々の視野からフェードアウトされた。しかし、中国の現代教育制度の創立に伴い、現代大学の精神と合致する伝統書院が注目されるようになった。

一　書院制度の誕生

書院という名称は唐に起源し、玄宗の時に麗正書院、集賢殿書院が設立された。これは書院という名称の始まりである。しかし、当時の書院は官憲の司書機関であり、主に書籍の整理と改訂を担当していた。本当に書院を集徒講学の場にしたのは民間私学だ。彫版印刷技術の発展に従い、民間の蔵書はますます豊富になり、民間書院の興隆に基礎を築いた。このような書院は唐代の初期にすでに存在していた。文献によると、唐代にはすでに多くの書院が建てられた。唐初の光石山書院、瀛洲書院、李公書院、張説書院は早期の書院だ。これらの書院は主に個人の読書のためだった。それから間もなく、書院のサービス範囲は一般大衆にまで広がり、門を開いて弟子を授けるようになった。このときの書院は個人の名前で呼ばれることが多く、名称も組織形態も安定していなかった。書院は唐代の末期に芽生えたが、宋の時代に教育制度として形成されて栄えた。

まず、唐は安史の乱から、隆盛から衰退し、「藩鎮割拠（各地の節度使が藩鎮として割拠した）」の状況を形成し、学校教育事業の発展を深刻に危害した。官学は衰退し、士人は大量に失学した。そこで、いくつかの向学（学問に志す）者は辺鄙な場所で、学舎を建てて詩を吟じ、読書・講学を行い、学術を切磋琢磨した。第二に、書院の出現は、古くから長く続いている中国の私学伝統の継承と発揚である。春秋時代に孔子は私学を始め、弟子が三千あって、私学は重要な教育組織の形式になった。秦王朝は私学を禁止したが、私学は止まらなかった。漢代以来、私学は官学と平行して発展し、全国各地に設置され、人材育成のもう一つの重要なルートとなった。宋代初期は文治を提唱し、儒学を推奨したが、国家は一時的に官学を大量に創設するには力不足であった。北宋が建国した初期、科挙の定員を拡大した一方で、唐代以来の書院を利用し、本・額・学田を賜ったり、山長（書院の主宰者）を招いて会見したりするなどの方法で扶助を行い、官学教育の職に代えさせたり、官学教育の不足を補ったりした。例えば、有名な白鹿洞書院、岳麓書院、応天府書院、嵩陽書院は朝廷から本を与えられたり、額を与えられたり、学田を与えられたり、学者を奨励したりと、さまざまな形でサポートされていた。

これらの支持は宋代初期書院の繁栄を促進した直接の動因の一つに違いない。第三に、仏教の禅林制度の影響だ。仏教は山林に隠遁し、世間との交流をせず、修行に没頭するという趣旨から、辺ぴで静かな山林名勝を選んでお寺を建て、五代や宋初の書院も山林名勝の中に多く建てられた。仏教禅林は蔵経、講経、研経を一体化し、書院教学にも明らかな影響を与えた。例えば、書院の講会制度は仏教の僧講と俗講の講経方式を参考し、書院教学の講義と語録などの形式も仏教禅林制度に由来した。第四に、書院の出現は、隋・唐が新しい印刷技術を推進し、書籍を大量に社会に流通させた後、中国の士人が蔵書、校書、修書、著書、刻書、読書、教書などに対する文化研究、創造、伝播などの活動を行った必然的な結果である。五代の時に、「天地が閉ざされ賢人が隠れる」と呼ばれる離乱・暗黒の時代において、書院は依然として「兵荒馬乱（兵荒れ馬乱る）」の中で民族文化の伝承を一心に努力し、強大な生命力を表現していた。銭穆はその『五代時之書院』の中で、「五代雖黒暗、社会文化伝統未絶、潜徳幽光、尚属少見、宜乎不久而遂有宋世之復興也」と述べ、書院の「承前啓後（受け継いだもので未来を切り開く）」という文化の効果を高く評価した。

二　書院の隆盛と衰退

五代の頃、戦乱の社会状態は官学を衰退させ、書院は初歩的な発展を遂げた。多くの名師・大儒は山林に隠遁し、自分の豊富な蔵書を利用し、館を設けて学問を教えた。応天書院、竜門書院など後世の著名な書院は、五代の時期に創立されたもので、他に竇氏書院、太乙書院、匡山書院、梧桐書院、華林書院、興賢書院、雲陽書院、東佳書院などがある。いくつかの書院の創立も政府の重視を得て、例えば後唐の皇帝李嗣源は匡山書院の創立者である羅韜を「積学渕源、莅官清謹」と称賛し、また書院が「民の風を日に日に高めた」と称賛した。これは最高統治者が初めて書院に対する奨励を発表したもので、官府の進歩的な態度は五代時代の書院の発展に役立った。しかし、五代には書院の数は多くなく、影響も限られていた。

唐代、五代の成果を受け継ぎ、宋代は書院の勃興を迎えた。五代の戦乱で官学は大きな痛手を被った。宋の建国当初、統治者は官学を発展させる気力がなかった。書院の発展は社会民衆の勉学の需要を満たし、統治者が直面した切実な社会問題を解決した。そのため、宋代初期の統治者は書院の発展に対して激励の態度を取った。また、政局の安定が読書の雰囲気をよくするのに役立った。このすべては書院に宋代において巨大な発展を遂げるよう促した。前の時代より、北宋の書院がカバーしていた省区は更に広く、一部の新しい省には書院が設置されていた。南北の区域を見ると、南側の書院が北側より多かった。北宋の書院は宋仁宗・宋神宗の両朝が最も多く、書院の数は両朝以降減少した。北宋の著名な書院としては、白鹿洞書院、嵩陽書院、応天府書院、岳麓書院などがある。宋代初期の官学が発達していなかったため、書院は官学の地位と機能をある程度取って代わり、教育の機能が顕彰され、宋初の大儒・胡瑗らが書院で講学した。政局の安定に伴い、北宋の統治者は文教政策の調整を始め、官学を大規模に興した。三回の興学は北宋書院の発展に一定の影響を与え、宋代初期書院の発展に比べて興学後の書院はひっそりとしていて、宋代初期ほど栄えてはいなかったが、書院の数が宋代初期よりはるかに多かった。有名な理学者や周敦頤などが書院を開いたことがある。書院は南宋に至って隆盛に至った。理学の広範な発揚、官学の積弊が日増しに顕著になったなどの要素が南宋書院の隆盛を促した。朱熹は一一七九年に白鹿洞書院を、一一九四年に岳麓書院を再興した。南宋書院の数と規模は北宋より大きく発展し、書院制度が正式に確立された。南宋では、理学が盛んで、朱熹、陸九淵、呂祖謙などの著名な理学者が書院で理学を講義したことがあり、書院は理学伝播の重要な陣地となった。南宋書院の講義はもっと柔軟で、書院の司会者が講義しただけでなく、著名人を招待して講演し、影響はもっと大きかった。南宋時代の書院の数はもっと多く、規模はもっと大きく、地位はもっと高く、影響はもっと広範で、官学と対抗することができて、一部の地方での発展は官学を上回った。

漢化を加速させるため、元代の統治者は中原に入城した後、尊孔崇儒の文教政策を実行した。このような政策の需要に基づ

いて、統治者は書院の発展を保護と奨励する策略を採った。政府は民間に書院の建設・修復を奨励しただけでなく、書院の創建と修復にも直接参与し、元代の書院の数量は南宋の基礎の上でまた大きな発展があった。南宋の書院の大部分は江南地区に集中し、元代の書院の分布区域は更に広かった。元代には北方の広大な地区にも大量の書院が建てられた。南宋の書院と同様に、元代の書院も理学の講義を主とし、書院の分布が広いため、書院は北方における理学の発展を促進した。書院の発展を奨励・支持したと同時に、朝廷は書院に対するコントロールを強化し、書院は官学化の特色を呈し、これは政府の書院経費と山長（書院の主宰者）に対するコントロールに顕著に現れていた。朝廷は書院に学田を提供し、官学と同等の待遇を受けさせ、経費が困難な書院に資金を支援した。それだけではない。政府は書院の私有財産に対しても管理を強化していた。元代書院の山長は通常政府に任命され、政府の任命を受けていない山長であっても政府の承認を得なければならなかった。また、元王朝の全体では、書院創設の手続きが煩雑であり、政府はこのような手段を通じて書院に対する統制を強化し、このような官学化の傾向は書院の自主運営の伝統に大きな影響を与えた。

元末には戦乱が頻繁になり、一部の書院は戦火で焼失した。明の統一まで、統治者は文教事業を発展させて統治を維持し、各級の官学と科挙制度を大いに発展させた。しかし、官学は発展の過程でますます多くの弊害を露呈した。このような弊害を克服するために、書院の復元と振興の声が高まっていた。元末明初の戦火の中でひっそりとしていた白鹿洞書院と岳麓書院が相次いで回復し、政府も主導して新しい書院を再建した。朱理学の欠点を正すために、王陽明を代表とした王学が急速に興った。

王陽明とその門人は書院を通じてその思想を伝播し、明代の書院の発展を大いに推進し、講会制度を書院の形式に固定し、書院の一つの特色となった。同時に、明代書院のタイプは前の時代より更に豊富であり、軍事的、社会的性質を持った新型書院が出現した。書院の普及とともに、書院は士子たちが朝政を批判し、人物を品定めする場となった。その時、書院はすでに伝統的な教育文化の性質を突破し、政治活動に関わるようになった。例えば、当時の東林書院は政治活動に参加し、統治者の不満を買った。『明史・選挙志一』には、「学校之教、至元其弊極矣。上下之間、波頽風靡。学校雖設、名存実亡。兵変以来、人習戦争、唯知幹戈、莫知俎豆。朕惟治国以教化為先、教化以学校為本。京師雖有太学、而天下学校未興。宜令郡県皆立学校、延師儒、授生徒、講論聖道、使人日漸月化、以復先王之旧」とある。そのため、明末の統治者は書院に対して比較的厳しい政策を取った。例えば、嘉靖年間に書院を二度壊し、万暦などの朝廷も書院を壊した。東林書院も政治活動のため天啓年間に焼失された。

清代初期の統治者は明末思想の残響を一掃するために書院に対して抑制的な政策を採った。政権が安定すれば、書院に対する統治者の政策が少し緩和された。また、統治者は官立の書院教育体系の確立に努め、雍正の時期から書院の発展を奨励する政策をとり、書院は普及した。鄧洪波の『中国書院史』には「由於官民両種力量的共同努力、書院進入前所未有的繁栄時期、創建興復書院五千八百三十六所、基本普及城郷」とある。清代の書院は基本的に官学と同様に科挙の付属物に転落し、教学目標、内容、課程などはすべて科挙を中心とし、教学内容はすべて八股文をめぐって展開した。しかし、書院でも、学問と人間形成を結びつけてみる試みがあり、官学とは異なった。黄宗羲の甬上証人書院では、経世実務の風を提唱し、これまでの内容に乏しい学風の克服を図った。教学方法においても、黄宗羲は学生の独立思考を奨励し、学生の個性を育成した。また、顔元が主宰した漳南書院、阮元が主宰した一部の書院では実習、実学を重視し、一般的な書院や科挙を中心とした官学とは異なり、後代に重要な影響を与えた。しかし、清代の書院は総体的に退廃的であり、社会発展の要求に適応できず、最後に学堂に改組されたのも当然のことだった。

三　書院の特徴

唐代から清代末期にかけて、古代中国の書院の歴史は千年ほどに及んだ。その間に中国の伝統教育のあれこれが成り立ってきた。特に指摘したのは、それが現代教育発展の精神的内包を含んでおり、深く探求する価値がある。

胡適によると、いわゆる「書院の精神」には、大きく三つの方面がある。時代の精神を代表する、講学と議政、自習と研究。特に三つ目はとりわけ重要であり、なぜなら「今日の教育で提唱されるドルトン制の精神と同じだからだ」（胡適『書院史略』、『東宝雑誌』、一九二四年第二十一期）。歴代の書院はいずれも当時の学術ブームをリードした場所だった。

具体的には、書院の特徴とは次のように簡略された。

㈠　書院の創立、組織の特徴から見る。書院は私設講学の地だが、皇帝欽賜の扁額、経書、または学田などの公的な認可と扶助がなければならないため、書院と一般の私学を混同することはできない。蔵書、読書に力を入れる。書院蔵書の大発展は宋代にあったと言うべきだ。北宋初期に一定期間の休養生活を経て、国力は次第に盛んになり、士子たちは向学・読書を要求された。朝廷は武功に追われ、一時は文教を顧みる余裕もなかった。さらに財力に乏しく、各地の士子の要求を満足させるのに十分な学校を興すことができなかった。そのため、各地の著名な学者と地方の官吏が、相次いで書院を建設して人材を育成した。例えば、宋代の四大書院の一つである応天府書院は、成立時には「建学舎百五十間、聚書千巻」となっていた。鶴山書院は「堂之後為閣、家故有蔵書、又得秘書之付而伝録、與訪尋於公私所板行者、凡得十万巻」と言われ、この蔵書規模は既に当時の国家書庫を上回っていた。

書院の機構は単純で、専任管理職は少ない。書院にはただ一人の明確な司会者がいて、その名称は時と場所によって異なり、よく見られたのは洞主、洞正、山長、堂長、院長などである。一部の規模の大きい書院では、副講、干管、典謁見などの職を増設したが、専門職の人員は極めて限られており、書院の学生が交替して担当することが多かった。官学に比べて書院の冗員は極めて少なく、しかも学生を受け入れて管理に参加する特徴があり、「高足弟子代官制」とも呼ばれる。書院では学規を利用して管理していた。学規は学約、学則、教約とも呼ばれ、禅林清規とよく似ている。学規は大きく三つの方面の内容を含んだ。つまり、建学の方向を指摘する、勉学・修養とまともな人間になるための准則・方法、過失を犯す罰則の制定という内容だ。最も有名な学則は朱熹の『白鹿洞書院教条』と呂祖謙の『麗沢書院学則』だ。

㈡　書院の教学の特色が鮮明だ。学術を自由に講義・討論することは書院の精髄だ。南宋で言えば、岳麓書院は湖湘学派の張南軒の講義基地だったが、彼は異なる学派の学者を広く書院に招き講義を行った。閩学派の朱子や永嘉学派の陳止斎らは、書院に講学して学生に歓迎された。また、朱子は白鹿洞書院を主宰し、論敵の陸象山を講学に招き、双方とも学問の度量を示した。書院は独学を重視する中国教育の伝統を受け継ぎ、書院の豊富な蔵書に基づいて、その授業は実際に「読書目次」、つまり先に何の本を読んで、後に何の本を読んで、読書・独学のシリーズやシステムを構成していた。書院は読書に対する要求が絶えず強化され、読書の方法にもこだわる。「授業」の特徴は弾力性に富み、個人に合った教育を施した。程端礼が制定した「読書の年別スケジュール」はこの方面の模範であった。討論、議論は書院が採用した重要な教学組織の形式であり、書院の内部では、質疑の難しい議論は非常に普遍的であり、特に重要なのはこのような討論は自発的、ランダムな平和などのものが多く、学生の間、師弟の間に論戦があり、その激烈さは時に時に辱めることもあった。このような融通の利かない治学精神こそ、書院に独立した見解を持った人材を養成させたのだ。書院の外では、講会制度が議論の気風を更に輝かせていた。講会制度は書院の注目点だ。「独りで学んで友がなければ、学識が浅く見聞が狭い」、講演会は皆に学習討論のプラットフォームを提供したことだ。簡単に言えば、書院と書院、精舎の間で開かれる学術議論会だ。それはよく事前に時間、場所、趣旨、規約と議論の主体を約束し、書院の師弟が共同で参加し、そして社会から優秀な出席者を誘致した。この制度は南宋淳熙二年（一一七五）に信州（現在の江西上饒）の鵝湖寺で開かれた有名な弁論会に始また。呂祖謙が発起したもので、朱熹と陸九淵の派閥間の争いを調停しようとする意図だった。中国哲学史においては「鵝湖の会」とも呼ばれ、書院講会制度の先駆けとなったが、その本質は客観的な唯心主義と主観的唯心主義の争いだった。

宋の淳熙二年（一一七五）六月、呂祖謙は朱熹の「理学」と陸九淵の「心学」の間の理論的相違を調和させるために、二人の哲学的観点を「一に帰せられる」とし、陸九齢・陸九淵兄弟を朱熹に会わせた。六月の初め、陸氏兄弟は約束に応じて鳥湖寺を訪れ、双方はそれぞれの哲学的観点について激しい論争を展開した。これは有名な「鵝湖の会」だ。討論の中心議題は「教え方」だった。これについては陸九淵門人の朱亨道は「鵝湖講道、誠当今盛事。伯恭蓋慮朱、陸議論猶有異同、欲会帰於一、而定所適従。……論及教人、元晦之意、欲令人泛観博覧而後帰之約、二陸之意、欲先発明人之本心、而後使之博覧」（『陸九渕集』巻三六『年譜』）と記述した。「教える」という方法、つまり認識論だ。この問題で朱熹は「格物致知」を強調し、格物は物事の理を尽すことであり、致知はその知識を推し致すことであり、そして致知格物はただ一つの事に対する認識の二つの側面であり、両者を表裏一体のものだ。「性」こそが「理」であるとする「性即理」の考えを唱え、人格の修養や学問の研究を通じて「理」に到達すべきことを説いた。一方、陸氏兄弟は「心」がそのまま「理」であるとする「心即理」の考えを唱え、読書が至賢になるための道ではなく、人間の心を重視して「理」に至ることを説いた。討論会では双方がそれぞれの意見を主張して譲らなかった。今回の「鵝湖の会」では、双方が三日間論争した。陸氏兄弟はやや優位に立ったが、結局は不機嫌で別れた。現在、この古寺は「鵝湖の会」の遺跡として、また朱熹が住んで「書斎」としたことから「鵝湖書院」とも呼ばれる。

㈢　書院の教育理念は「伝道而済斯民」の士君子を養成することだ。中国古代書院の発展の過程から見ると、各大書院の創立の背景と目的はことごとく同じだとは限らなく、それぞれに違いはあったが、学問と徳行を併ぶ教育理念に従っていた。朱子は『白鹿洞書院教条』の中で「古昔聖賢所以教人為学之意、莫非使之講明義理、以修其身、然後推以及人。非徒欲其務記覧、為詞章、以釣声名、取利禄而已也」と述べた。彼は人に教える目的は広い知識と華彩の詞章を学んであの手この手で売名に血道を上げることではなく、義理をわきまえて、己を修めて人を治め、それによって勉学、修身、処世、待物などの規程を定めたのだ。この学則は後世の学則の手本となり、学校運営の準則となり、その後の書院教育に大きな

鵝湖書院

影響を与えた。例えば、岳麓書院は「立言垂教、明倫修道」などの建学の趣旨を掲げていた。岳麓書院で最も注目すべきことは、乾隆年間に書院の教務を主管した曠魯之が増訂した六条箴規『言有教』『動有法』『昼有為』『宵有得』『息有養』『瞬有存』という六篇四言詩だ。この『六有箴』は講堂の右壁に刻まれており、岳麓書院の学生教育に深い影響を与えた。

原典を読む

設為庠序学校以教之。庠者、養也、校者、教也、序者、射也。[1]夏曰校、殷曰序、周曰庠、学則三代共之。皆所以明人倫也。人倫明於上、小民親於下。有王者起、必来取法、是為王者師也。[2]（『孟子・滕文公上』）

1 庠、序、校……いずれも郷里の学校の名称に使われ、諸詞も『儀礼』『周礼』『礼記』『左伝』などに見られる。王念孫『広雅疏証』によると、「『庠』の訓は『養』であり、『序』の訓は『射』である。

2 王師者……朱熹『集注』によると、滕国は狭くて、仁政を行っても、必ずしも王業を興すことができるとは限らない。王者の師であれば、天下はなくても、其の沢もまた天下にも及ぶ。

子適[1]衛、冉有[2]仆[3]。子曰、庶[4]矣哉。冉有曰、既庶矣、又何加焉。曰、富之。曰、既富矣、又何加焉。曰、教之。(『論語・子路』)

故明主之国無書簡之文[5]、以法為教。無先王之語[6]、以吏為師。無私剣之捍[7]、以斬首為勇。(『韓非子・五蠹』)

大学之道、在明明徳、在親民、在止於至善。(『大学』)

『春秋』大一統者[8]、天地之常経、古今之通誼也。今師異道、人異論、百家殊方、指意不同、是以上

1 適……行くこと。
2 冉有、字は子有。魯国の人、孔子の弟子、政治と軍事の才能がある。
3 僕……車を運転すること。
4 庶子……衆、人口が多いこと。
5 書簡之文……シートに記された文献。
6 先王之言葉……儒墨は先王を称える言葉。
7 捍……「悍」と借りて、無私の闘いの悍さで、戦場で敵を殺すことを勇とする。
8 『春秋』は王を尊び、天下の統一を特に重視し、諸侯の専従を貶めるため、紀年は周暦を使う。大とは、重視すること。

亡以持一統[1]、法制数変、下不知所守。臣愚以為諸不在六芸之科[2]孔子之術者、皆絶其道、勿使並進。邪僻之説滅息、然後統紀可一而法度可明、民知所従矣。(『対賢良策』)

吾見世間、無教而有愛、毎不能然。飲食運為[3]、恣[4]其所欲。宜誡翻奨、応訶反笑。至有識知、謂法[5]当尓[6]。驕慢已習、方復制之、捶撻[7]⑧至死而無威、忿怒日隆[8]而増怨、逮於成長、終為敗徳。孔子雲、少成若天性、習慣如自然是也。俗諺曰、教婦初来、教児嬰孩。誠哉斯語。(『顔氏家訓』)

今天下之出入公門以撓官府之政者、生員也。倚勢以武断於郷裏者[9]、生員也。与胥史[10]為縁、甚有身自

---

1 指導者は統一思想の標準を掌握できない。
2 六芸之科……『詩』、『書』、『礼』、『易』、『楽』、『春秋』の科目を指す。
3 運為……行為。
4 恣……放縦。
5 法……道理。
6 当……当然。尓とは、このように。
7 捶撻……むちで打つ、棒で叩くこと。
8 隆……隆盛すること。
9 権勢を笠に着て郷で横暴を振る。『史記・平准書』に「豪党の徒を買収し、郷曲に独断する」とある。
10 胥史……役所で文書を扱う小役人。

為胥史者、生員也。官府一払其意、則群起而哄者、生員也。把持官府之陰事、而与之為市者、生員也。前者噪、後者和。前者奔、後者随。上之人欲治之而不可治也、欲鋤之而不可鋤也。小有所知、則曰是殺士也、坑儒也。百年以来、以此為大患、而一二識体能言之士、又皆身出於生員、而不敢顕言其弊、故不能昿然一挙而除之也。故曰、廃天下之生員而官府之政清也。

天下之病民者有三。曰郷宦、曰生員、曰吏胥。是三者、法皆得以復其戸[1]、而無雑泛之差、於是雑泛之差、乃尽帰於小民。今之大県至有生員千人以上者、比比也。且如一県之地有十万頃、而生員之地五万、則民以五万而当十万之差矣。一県之地有十万頃、而生員之地九万、則民以一万而当十万之差矣。民地愈少、則詭寄[2]愈多、詭寄愈多、則民地愈少、而生員愈重。富者行関節以求為生員、而貧者相率而逃且死、故生員之於其邑人無秋毫之益、而有丘山之累。然而一切考試科挙之費、猶皆派取之民、故病民之尤者、生員也。故曰、廃天下之生員、而百姓之困蘇也。

天下之患、莫大乎聚五方不相識之人、而教之使為朋党。生員之在天下、近或数百千里、遠或万里、語言不同、姓名不通、而一登科第、則有所謂主考官者、謂之座師。有所謂同考官者、謂之房師。同榜之士、謂之同年。同年之子、謂之年侄。座師、房師之子、謂之世兄。座師、房師之謂我、謂之門生。而門生之所取中者、謂之門孫。門孫之謂其師之師、謂之太老師。朋比膠固、牢不可解。書牘交於道路、

1　復其戸……その一家の賦役を免除すること。
2　自分の田畑を免税人の名の下に偽書し、田賦、差役を逃れて、「詭寄」と称した。

請托遍於官曹、其小者足以蠹政害民、而其大者、至於立党傾軋、取人主太阿[1]之柄而顛倒之、皆此之繇[2]也。故曰、廃天下之生員、而門戸之習除也。

国家之所以取生員而考之以経文、論、策、表、判者、欲其明六経之旨、通当世之務也。今以書坊所刻之義、謂之時文[3]、舎聖人之経典、先儒之註疏与前代之史不読、而読其所謂時文。時文之出、毎科一変、五尺童子能誦数十篇而小変其文、即可以取功名、而鈍者至白首而不得遇。老成之士、既以有用之歳月、銷磨之場屋[4]之中。而少年捷得之者、又易視天下国家之事、以為人生之所以為功名者、惟此而已。故敗壊天下之人材、而至於士不成士、官不成官、兵不成兵、将不成将、夫然後冦賊奸宄[5]得而乗之、敵国外侮得而勝之。苟以時文之功、用之於経史及当世之務、則必有聡明俊傑通達治体之士、起於其間矣。故曰、廃天下之生員、而用世之材出也。(『生員論』)

父子有親。君臣有義。夫婦有別。長幼有序。朋友有信。

1 太阿……古代の宝剣名。春秋になると、楚王は欧治子に命じ、乾将に鋳造したと伝えられている。「太阿之柄」は権力の柄を比喩する。
2 繇……由。
3 時文……明清時代の科挙試験の八股文を指す。
4 場屋……すなわち「科場」である。士子試験のところ。
5 奸宄……悪事や放蕩にふける人を指す。

右五教之目。尭舜使契為司徒。敬敷五教。即此是也。学者、学此而已。而其所以学之之序。亦有五焉。其別如左。

博学之。審問之。慎思之。明弁之。篤行之。[1]

右為学之序。学問思弁、四者、所以窮理也。若夫篤行之事。則自修身以至於処事、接物、亦各有要。其別如左。

言忠信。行篤敬。[2] 懲忿、窒欲。[3] 遷善、改過。[4]

右修身之要。

正其誼、不謀其利。明其道、不計其功。[5]

右処事之要。

己所不欲、勿施於人。[6] 行有不得、反求諸己。[7]

右接物之要。

1 『礼記・中庸』を参照。
2 『論語・衛霊公』を参照。
3 憤懣を戒め、情欲を抑える。
4 『周易・易卦』に「君子以見善則遷、有過則改」とある。
5 『漢書・董仲舒伝』を参照。
6 『論語・衛霊公』を参照。
7 『孟子・離婁』を参照。

熹窃観古昔聖賢所以教人為学之意、莫非使之講明義理、以修其身、然後推以及人。非徒欲其務記覧、為詞章、以釣声名、取利禄而已也。今人之為学者、則既反是矣。然聖賢所以教人之法、具存於経。有志之士、固当熟読深思而問弁之。苟知其理之当然、而責其身以必然、則夫規矩禁防之具、豈待他人設之、而後有所持循哉。近世於学有規、其待学者為已浅矣。而其為法、又未必古人之意也。故今不復以施於此堂。而特取凡聖賢所以教人為学之大端、条列於右、而掲之楣間。諸君其相与講明遵守、而責之於身焉。則夫思慮雲為之際、其所以戒謹而恐懼者、必有厳於彼者矣。其有不然、而或出於此言之所棄、則彼所為規者、必将取之、固不得而略也。諸君其亦念之哉。（『白鹿洞書院掲示』）

蓋昔者聖人之扶人極、憂後世而述六経也、猶之富家者之父祖、慮其産業庫蔵之積、其子孫者或至於遺忘散失、卒困窮而無以自全也、而記籍其家之所有以貽之、使之世守其産業庫蔵之積而享用焉、以免於困窮之患。故六経者、吾心之記籍也。而六経之実、則具於吾心、猶之産業庫蔵之実積、種種色色、具存於其家。其記籍者、特名状数目而已。而世之学者、不知求六経之実於吾心、而徒考索於影響之間、牽制於文義之末、硜硜然[1]以為是六経矣。是猶富家之子孫、不務守視享用其産業庫蔵之実積、日遺忘散失、至於窶人[2]丐夫、而猶囂囂然指其記籍、曰、斯吾産業庫蔵之積也。何以異於是。

1 浅見、頑固な様子。
2 窶人……貧人。

嗚呼。六経之学、其不明於世、非一朝一夕之故矣。尚功利、崇邪説、是謂乱経。習訓詁、伝記誦、没溺於浅聞小見、以塗天下之耳目、是謂侮経。侈淫辞、競詭弁、飾奸心盗行、逐世壟断、而猶自以為通経、是謂賊経。若是者、是並其所謂記籍者而割裂棄毀之矣、寧復知所以為尊経也乎。

越城[1]旧有稽山書院、在臥竜西崗、荒廃久矣。郡守渭南南君大吉[2]、既敷政於民、則慨然悼末学之支離、将進之以聖賢之道、於是使山陰[3]令呉君瀛拓書院而一新之。又為尊経之閣於其後、曰、経正則庶民興、庶民興斯無邪慝矣。閣成、請予一言、以諗多士。予既不獲辞、則為記之若是。嗚呼。世之学者、得吾説而求諸其心焉、其亦庶乎知所以為尊経也矣。

1　越城……もとは越州の治所で、南宋の紹興元年に紹興と改称された。
2　南大吉……字は元善、号は瑞泉、明陝西渭南の人、正徳進士、王守仁の弟子、時には紹興知府。郡守をもって知府と称し、旧称をそのまま用いる。
3　山陰……県名、当時は紹興府に帰属。治所は現在の紹興。

中国の「五大発明」と謳われた科挙制度

中国は世界で最も歴史の長い文明古国の一つとして、その発展の過程でいくつか規範的な官吏登用制度を形成した。例えば先秦時代の世襲制、両漢時代の察挙制、魏・晋・南北朝時代の九品中正制及び隋・唐・宋・元・明・清時代の科挙制など。その中で、全国範囲に学科で試験し、官吏を選抜・挙用する科挙制は、隋代から清代まで千三百余年間行われた。

受験生の出所と受験方法

科挙制度は隋煬帝大業二年（六〇六）に進士科が設置されたのが始まりだ。科挙とは科目による選挙の意味で、試験で官吏を選抜・挙用する。そのしくみは現在の大学受験と同様、応募、受験、採用の三段階からなる。

科挙制度が施行される以前の中国では、国家の人材選抜は極めて家柄や血筋を重視した。官吏の選抜も試験があったが、選抜・挙用を中心に地方の官吏が推薦し、地方で中正官を務めていた世族・

門閥が試験と任用の権限を完全に掌握していた。科挙制度が施行されてからこのような局面は大きく変わった。特に唐の時代には、科挙試験は読書人の自由な受験を認め、地方官吏の推薦を必要としなかった。唐の太宗、高宗年間（六二七〜六五五）は科挙制度発展の最盛期であり、比較的に完備した厳格な試験制度を形成した。唐代に科挙試験を受けた受験生には主に三つの出所があった。一つは「生徒」で、中央官学と州県官学出身の学生を指す。二つは「郷貢」で、州県で選抜・推薦された、学校教育を通じない民間の私学あるいは独学で才能を身につけた受験生である。三つは「制挙」で、皇帝の詔により臨時に行われたもので、受験者が推挙されたり、みずから推挙して都の長安に赴いて策試に参加したりして、合格者は直ちに官職を授与することができる。

このうち「生徒」と「郷貢」は「常科」と呼ばれ、多くの人が参加し、受験の手続きも複雑だ。いわゆる科挙は、主に「郷貢」を指していたが、このルートは比較的に普遍的で、影響も大きいため、平民が官場へ早く行ける近道だった。毎年

旧暦十一月に、受験生は各自の「牒」（本籍、父祖、年齢、容貌などの身分証明書）を持参し、その所在する州・県に牒を投げ、みずから推挙し、つまり書面で申請し、厳格に選考して合格者を州から尚書省に送って省試を受ける。毎年この時期に受験生たちはどこでも京師に進上した食糧税・特産物を朝廷に解納したので、彼らを郷貢あるいは貢士と呼んだ。受験生が州や県に牒を投げたことを「求解」「取解」といい、予備試験で一位を取ったことを「解元」または「解頭」という。

科挙試験は受験生の家庭出身を厳しく制限し、唐代には法を犯した者、州県役所の吏役（車馬を操る人）、商工業者など社会的地位の低い者は科挙試験を受けることができなかった。宋代になると、工商業者、雑類人などが科挙に受験できるようになったが、これまでの基礎の上で、不孝不悌者、和尚・道士・帰俗者は科挙に受験する資格がなかった。不孝不悌者とは、封建社会の道徳を守らないこと、例えば親孝行をしないこと、長幼秩序に従わないことなどを指す。清代には、三代のうちに娼婦（娼婦）、優（俳優）、皂（役吏）、隷（奴隷）があった者は、いずれも家庭出身の不浄であり、その子孫や障害者は科挙試験から除外された。使用人、門番、駕籠屋、仲人、髪剃、脚医などは「素性不明」で、科挙の受験資格もない。受験生の出身を厳格に制限するほか、科挙試験は受験生に本籍地での受験を厳しく要求していた。中国現在の大学入試も、この制度をそのまま使っている。唐代の初期に受験生に本籍地の所在地で受験するように求めていたが、唐代の中期と後期にはすでに受験生に別の地で受験することを許可した。大詩人の白居易は鄭州で生まれた。本籍は太原下邽で、父が死んでから洛陽に移住したが、白居易は本籍地の太原に戻ることもなく、居住する洛陽で試験を受けることもなく、宣州で州県の解試を受け、また宣州から選ばれて長安に送られて進士科の試験を受けた。宋代には、各省の文化水準の違いから、府州での試験競争の激しさが異なり、一部の受験生は競争が比較的小さく、合格率の高い地区に受験するために、これらの地区の出身地を詐称し、「冒籍（偽の出身地を本籍と偽る）」と称した。このため、受験生の出身と道徳性を考察しやすく、科挙試験の区域割当制の公正性を守るため、受験生に本籍地での受験を要求し、「冒籍」した受験生に対しては厳しく処罰することにした。例えば、明万暦三年（一五七五）に、冒籍を防止するために朝廷が相応の管理方法を制定した。一部の受験生は人材が少ないところを利用したり、出身地を詐称したり、二つの異なるところに入学したり、出願したりする行為が摘発されると、受験生は自分の本籍地に返送されて厳罰を受けるだけでなく、現地の官学教師と連帯保証人も一緒に罰しなければならない。代宗の景泰四年（一四五三）に、順天府は入選した挙人のうち十二人が冒籍であることを発見した。結局、全て錦衣衛（明朝の秘密警察・軍事組織で、禁衛軍の一つ）に逮捕され、刑部（刑法をつかさどる中央官庁）に送られた。

科挙試験は、家庭の出身と地元の本籍の両方を規制する以外に、ほとんどの人が自由に志願でき、また、終身受験できるため、応挙（科挙の試験を受ける）と進仕（進んで仕官する）の受験者の年齢は厳格に制限されず、根気と勇気さえあれば、髪を後ろに引っ詰める少年から「耄耋（七十〜八十歳）之年」の高齢者まで受験資格が与えられるため、高齢の受験生や高齢の合格者は歴代にも少なくなかった。例えば、唐昭宗光化四年（九〇一）に、一榜（試験合格者の発表）進士二十六人のうち、陳光問は六十九歳、曹松は五十四歳、王希羽は七十三歳、劉象は七十歳、柯崇は六十四歳、鄭希顔は五十九歳だった。昭宗は、彼らが長い間科挙に合格していたことに同情し、吏部の銓選（選抜）を免除し、異例にも直接彼らに官職を与えた。当時は彼らを「五老番付」と呼んだ。

古代の知識人は上層社会に入るための通行証を獲得し、進仕という一生の願望を実現するために、多くの受験生が落ちぶれた生活をしても科挙への参加を諦めなく、官職に就きたいと願っていた。中国の古代科挙史において、父と子が同時に試験に赴き、祖父母と孫が同じ年に科挙の試験に合格し進士になったことがしばしばあった。清の乾隆年間に何度も特詔を出し、七旬を過ぎた合格者に挙人を授与したり、郷試に参加した八十歳以上の秀才に挙人を下賜したりした。広東の謝啓祚という人は、九十八歳になったが、皇帝の破格採用を受けたくなかった。科挙は一人の大義名分を確立するための大事で、たゆまなければ必ず及第すると考え、乾隆五十一年（一七八六）の郷試に引き続き参加した。彼の試験が特別に優れていたのか、それとも試験官が意図的に彼の希望を満たしていたのか、今回の試験で彼は本当に挙人に合格した。合格者の名を掲示した後、謝啓祚は自分の入選を老女の嫁入りにたとえ、悲喜こもごもの複雑な気持ちは彼の「老女出嫁」という詩の中に表れていた。

行年九十八　出嫁不勝羞
照鏡花生靨　持梳雪満頭
自知真処女　人号老風流

寄語青春女　休誇早好逑

挙人に合格した翌年、謝啓祚はまた上京して会試に参加し、乾隆帝は特に国子監司業の官銜を下賜した。乾隆五十五年（一七九〇）、乾隆帝の八十歳の誕生日に、謝啓祚は昇進して鴻臚卿となり、一二〇歳近くまで生きた。

科挙試験の受験制限には、女性の試験受験が認められないという不文律があった。これは、君主時代の官僚体系では、少数の宮官を除いて女性官僚を置いていなかったためだ。官吏の選抜・登用を目的とする科挙に女性が参加することはなかった。唐代の女流詩人、魚玄机は自分が嬢として生まれ、才気にあふれていても、男前と争うことはできないと慨嘆し、「自恨羅衣掩詩句、挙頭空羨榜中名」という詩を書いた。

また、科挙制度の影響力は東アジアや西洋の一部の国にまで及んでおり、日本、朝鮮、ベトナムなどは中国に倣って科挙制度を実施し、多くの西洋諸国は科挙制度を手本にして文官制度を確立した。これは科挙制度に外国人が参加するようになった。唐の時代には「賓貢進士」制度を設けて外国の受験生を優遇し、相対的に条件を緩和して日本人、朝鮮人、ペルシャ人、ユダヤ人などを賓貢進士として採用した。朝鮮の歴史において中国で科挙試験で進士に合格した者は五十三人に上った。その後、宋・明・元・清代にも科挙試験に外国人が受験したという記録があったほど、科挙制度の影響も大きく、受験範囲も広かったことがうかがえる。

試験の科目、内容と方法

科挙試験は、受験生が多すぎて人的物的の浪費を避けるため、歴代の王朝も受験者に対して予備試験を行い、ある程度の知識を備えた者を選抜した。この予備試験は科挙の解送試験で、この試験の難しさと競争の激しさは、往々にして中央一級の本番選考に劣らなかった。唐代の科挙試験は発解試(府州試)と省試の二級に分けられ、宋代は州試、省試、殿試の三級に発展し、明洪武十七年(一三八四)に礼部が「科挙程式」を公布し、科挙は童試、郷試、会試、殿試の四級と定められた。これは明・清の科挙制度の定番となり、科挙が停止するまで用いられた。

童試は、最も初級的な地方県・府試験だ。県学・州学・府学の学生資格を取得していない者は、年齢を問わず、通称として童生と呼ばれる。したがって、童生は児童・青壮年であっても、白髪の老人であってもよい。入学資格を得るためには、読書人はまず、県試、府試、院試の三段階の試験を受けなければならない。院試で合格した受験生は生員と呼ばれ、秀才、茂才、文生、相公などとも呼ばれる。厳密に言えば、童試は一種の入学試験であり、童試の合格者は地方官学生の資格を取得したというだけだ。

郷試は郷闈とも呼ばれ、南、北の直隷(南京と北京)及び各省の省会で行われ、三年に一回、試験の時間は旧暦八月の初九、十二と十五の三日であり、秋闈、秋試、秋榜、桂榜とも呼ばれ、「大比」とも呼ばれる。清代には皇帝の登極や喜寿などのめでたい年に特別に郷試が行われ、郷試恩科と呼ばれた。郷試の合格者は「挙人」、俗に「孝廉」と呼ばれる。挙人は上京して全国的な会試に参加することができるだけでなく、たとえ会試が合格できなくても、役人になる資格を備えていた。会試は集中する試験という意味で、郷試の翌年に京城の貢院で行われ、皇帝に任命された主考官と同考官が主宰した。会試の合格者は「貢士」と呼ばれ、貢士は殿試に参加する前に、更に一回の複試を行う。この複試は康熙五十一年（一七一二）から嘉慶初にかけて明確な制度になった。再試験の結果は一、二、三等に分けられる。明初殿試の時期は三月一日で、成化八年（一四七二）から三月十五日となった。乾隆二十六年（一七六一）以降、殿試は四月二十一日に行われるようになった。

殿試の場所は、清初には天安門の外で、乾隆五十四年（一七八九）には保和殿で試験を行った。明・清の殿試は脱落せず、ただ成績によって順位を定める。合格発表は三甲に分けられ、第一甲に進士及第を賜り、成績上位三人に限り、順に状元（殿元）、榜眼、探花と称せられ、合わせて三鼎甲と称される。続く第二甲若干名に進士出身、残りの第三甲全員に同進士出身の学位を賜るが、通じて進士と呼ばれる。

試験内容については、隋煬帝の時代に開設された進士科から、策問試験を中心に進士を選抜した。「策問」とは、国家の政治・経済・生活などに関する論文であり、この時、進士科の試験は策問試験しかなかった。高宗の時、考功員外郎の劉思立が上奏し、進士の試験に雑文、帖を加えた。雑文とは詩賦であり、帖は帖経だ。その後、口試、帖経、墨義、策問、詩賦の五つの形式に発展した。試験の内容は主に儒家の経典で、唐代では『五経正義』だ。

帖経は、唐代の科挙試験の重要な形式の一つだ。『通典・選挙三』によると、主試験官は経書の一ページを取り、左右を覆い、中間は一行しか露出していない。三字から五字までを帖紙で隠し、受験者にはその文字を記入してもらうという。経を熟読しなければ分からないが、出題範囲は「五経正義」に限られる。

墨義は、簡単な筆記クイズで、経文と注疏を熟読すれば答えられる。墨義の設問は通常比較的に簡単で、よく三十条、五十条あるいは百条を尋ねなければ成績を集計できない。この方法はすべて丸暗記で、帖経の目的と同じで、受験生の知識の習得度合いを調べるためだ。墨義では問答の方式が口頭試問の方法をとることもあり、柔軟だ。

策問は、現実問題について建議することであり、帖経、墨義より深く、内容はおおむね当時の政治、吏治、教化、生産などの問題に関連していた。当時、各科目の試験では、受験生の政治的才能を考察するのに有効な手段である策問がほとんどだった。唐代の進士はそのために有能な宰相・郡守が多く現れたが、時が久しくなるにつれてこのような試験方法も多くの弊害を露呈した。例えば士子たちは先人が編纂した旧策を読誦して試験に備え、白居易も旧策集を持って一緒に受験した人と「それで受験し、相顧して笑う」と言ったという。多くの人が旧策だけを読み、本は後回しにして読まない現象は避けられなかった。

詩賦は、唐の高宗永隆二年（六八一）、考功員外郎の劉思立が「明経の多くは義条を写し、進士は旧策のみを唱え、実才はない。進士試験に雑文二篇（一詩一賦）を加えるよう」と天子に奏請し、唐代の詩賦を試みたことに始まった。唐文宗の太和八年（八三四）、進士の議論を経て詩賦を試みるようになった。詩賦は策問と同じくらい重要な地位を占めていた。その後、実際には進士科の試験は詩賦に偏重し、たとえ帖経試験が不合格でも、詩賦がよくて合格できるようになった。この時、詩賦が科挙試験で重要な地位を占めたのは、唐詩が盛んだったためで、唐詩は当時すでに通行の文体になっていた。進士科の受験者は通常、自分の文学創作の優れた部分を選んで文集にし、当時の高官や文壇の著名人に推薦してもらい、知名度と合格の機会を高める。この風習を「行巻」という。天宝元年（七四二）以降、朝廷では、挙子（受験者）に試験前に日頃の詩文作品を主考官に納め、その検証とその長所を知るよう命じた。この形式を「省巻」の上納という。

唐代の科挙は常挙と制挙に分けられた。制挙は、先に述べたように、皇帝の臨時命令によって行われた。常挙、すなわち「常貢の科」（前述の「生徒」と「郷貢」を含む）は、長年にわたり制度的に行われてきた科目だ。常挙の試験科目が雑多で、主に秀才、明経、進士、明法、明書、明算など六科目があった。秀才課は最高科クラスだ。しかし六科の中で最もよく行われるのは明経、進士の二科のみで、最初はこの二科とも策論のみで、試験内容は経義または時勢の策だった。その後、両科とも試験内容は少し変わったが、進士は詩賦を重んじ、明経は帖経と墨義を重んじた。唐の高宗咸亨（六七〇～六七四）以降、科挙は進士科を受験する傾向があり、武周時代には進士科がもっと進仕（進んで仕官する）の主要なルートとなった。当時は進士試験に合格することを最も誉めることで、その人の気勢も最も盛んだった。

宋代になると、科挙は次第に制度化され、試験の内容や範囲は儒家経典の著作に厳しく制限され、明・清の時代には科挙は全国統一の採用制度として成熟し、試験の基準は厳格・単調で、試験科目は進士一科のみとなり、試験内容の範囲は以前より更に狭かった。経義は『四書』『易』『詩』『書』『礼』『春秋』に限られていた。

明代では時文が科挙の試験に課した文体となった。時文は八股文とも呼ばれ、経義、制芸、四書文、八比文などの別名がある。制芸とは制科（科挙）の文であり、八股はその文の形式であり、四書はその文の内容だ。経義とも呼ばれるのは、四書五経のなかから選んだ文句が出題され、その義を受験者がみずから聖賢になったつもりで敷衍したからだ。郷試は三回に分けられる。第一回は『四書』試験問題が三問、経義試験問題が四問、第二回は策論試験問題一問、判断試験問題五問、詔・誥・表試験問題各一問、第三回は経・史・策試験問題五問――を出題する。三回試験の初回は最も重要で、第一回の経義は五経文とも呼ばれ、四書文、また八股文の文体を用いる。八股文は明憲宗成化二十三年（一四八七）に始まったもので、有名な思想家の顧炎武が『日知録』の中で「経義之文、流俗謂之八股……股者、対偶之名也」と述べた。八股文の書式は固定的で融通がきかず、規則的な戒律が多く、多くの複雑な要求がある。各篇の八股文の構造は、破題、承題、起講、入手、起股、中股、後股、束股、大結からなる。文字数についても、八股文には厳しい規定がある。洪武三年（一三七〇）には、四書義を三百字以内、五経義を五百字以内と定めた。洪武十七年（一三八四）には四書義は一問当たり二百字以上、五経義は一問当たり三百字以上と規定された。清初、初回試験は五百五十字に制限され、康熙二十年（一六八一）には百字余りが増加した。乾隆以後は、いずれも七百字以内に制限された。形式だけでなく、八股文は内容にも厳しい制限がある。八股文の命題はすべて『四書』『五経』の中に限られており、しかもその答えの内容は朱熹の『四書集注』などの儒家経典に依拠し、自由に発揮することを許さず、そして古人の口調をまねて「代聖人立言」しなければならない。明代に八股文が科挙の試験に採用されてから、学校教育の重点は学生に八股を読み、八股を作るように訓練し、史書や算術、天文などの知識を学ばないばかりか、経書さえも棚に上げていた。顧炎武は「八股の害は焚書に等しい。咸陽の郊にある者よりも人を乱す者がある」と批判した。八股文は当時すでに多くの弊害を暴露したが、腐った封建統治の下で、科挙制度を根本的に改革する条件と基礎を備えていなかった。八股文は科挙試験を五百年近く（一四八七〜一八九八）にわたってコントロールした。

科挙試験は、読書人にとって人生の中で最も重要なこ

貢院

とと言える。受験者は寒窓で数十年を苦読し、夜遅くまで苦学し、一日一日に経典を熟読し、詩文を吟誦する単調な生活を送り、膨大な時間、精力、財力を費やし、その過程は非常にハードだった。科挙試験は難しく、試験場生活も苦しかった。受験生は貢院の試験場に入る際に厳格な検査を経なければならない。試験場の官吏は名簿と照らし合わせて、受験生の名前、出身、年齢などを厳格に検査し、さらには身長・体重、どんな顔型、ひげの有無なども一々尋ねて調べなければならない。また、検査を担当した兵士は、受験生の全身をくまなく検査し、所持品をチェックし、不正行為に加担したかどうかを調べなければならなかった。官吏も兵士もみな声をあげ、文弱な書生たちを一人一人動悸させた。一人の挙子を記録したことがあるが、受験の際にはこのような検問の屈辱に耐えられず、一気に貢院を飛び出した。晩唐の詩人・杜牧は、一人の受験者が、入場試験でこのような検問の屈辱に耐えられず、一気に貢院を飛び出したと記していた。唐の太和元年（八二七）省試の時、

進士に及第したのを記して門のかもいや壁にかける額

江西から来た儒生・李飛が試験場に入ると、門吏は罪人を呼ぶように彼の名を呼び、名簿と身分証明書を持って上下左右から彼を見つめた。李飛は「賢を選んでこそ、このような選抜法があるのか」と憤慨した。翌日、彼は布団を丸めて帰郷した。この李飛は、白居易の詩を「淫言蝶語」「纖艶不逞、非荘人雅士、多為其所破壊」として叱咤したお歴々の李戡だ。

唐代の科挙試験の時間は通常は一日で、唐穆宗の長慶年間（八二一～八二四）まで、試験時間は夜まで延長でき、試験時間は昼間にロウソク三本が燃える時間を加算し、三本のロウソクが燃え尽くと試験が終わる。受験生の韋承貽が詩一首を書き、試験の辛さを表現した。

白蓮千朶照廊明　一片升平雅頌声
才唱第三条燭尽　南宮風月画難成

宋代になって、科挙試験の時間はやっと昼に限られた。試験当日、挙子（受験生）たちは茶器、熱いご飯と暖房用の木炭、照明用のロウソクの炬、簡易な机と椅子などの用具を持って貢院（つまり科挙試験のために建てられた試験場）に行き、そのほかに韻脚を調べるための韻書を持ってきてもいいである。他のものは一切持ってはいけない。

明・清時代には、受験生一人一人の号舎（控え室）があり、試験場で寝泊りする必要があったため、所持品が多く、筆記具のほか、食器や食品などを携帯しなければならなかった。試験場内は兵衛の警備が厳重で、号舎が狭い部屋で、条件が苦しくて受験生を困らせた。浙江の『郷詩』には、「負幾提籠渾似、過堂唱号直如囚」という詩があり、受験生のひどく様子を生き生きと描写していた。

合格、及第後の待遇

唐代の科挙では「進士は詩賦を重んじ、明経は貼経と墨義を重んじる」という。合格者は明示していなかったものの、明経科の合格枠は進士科より圧倒的に多かった。進士科は一科当たり約二十五人を採用し、明経科の合格者は各科で百～二百人に達することができ、二科の採用人数の差は明らかだ。そのため、進士に及第するのはとても難しいことで、当時流行した「三十老明経、五十少進士」ということわざは、三十歳で明経に合格したらもう老けたということであるが、五十歳で進士及第がで

号舎模型

きればまだ若いということだ。唐代の二百年間に進士登科（科挙の試験に合格し進士になる）の人数はわずか三千人余りで、進士に合格してから吏部の試験を経なければ官職を与えられなかった。

科挙の試験は難しいが、進士及第は唐代の最も先祖の名を揚げることだ。当時は登科が「登竜門」と呼ばれ、魚が竜になって別の族、別の階級になり、栄達するという意味だった。唐代では省試を行った後、中書門下省の再確認を経て、「放榜」を行い、すなわち合格者のリストを公表した。唐代では「放榜」の時間は多く二月に集中し、二月はちょうど春で、そのため「春榜」と呼ばれ、唐詩では「門外報春榜、喜君天下知」という。合格発表の場所は礼部南院東壁で、時刻は当日未明で、進士榜の先頭には四枚の黄色い紙が縦に掲示されていた。そのため、及第者と祝賀者はしばしば進士榜を「金榜」と呼び、進士合格も「金榜題名」と呼ばれる。唐の太和九年に及第した詩人・何扶は、詩の中でこう言った。

金榜題名墨尚新　今年依旧去年春
花間毎被紅妝問　何事重来只一人

合格者の発表は、受験生にとって最も胸の痛む瞬間であり、合格者の歓呼と落第者の悲しみとは対照的だ。白居易は二十七歳で一挙に及第し、「慈恩塔下題名処、十七人中最少年」と詩を書き、意気揚々とした気持ちが詩にあふれていた。しかし、落第した者にとっては、心は死の灰のようなものだった。

景福二年（八九三）に孫定が落第した後に書いた詩は、心の悲痛な真実の発露だった。

行行血涙灑塵襟　事逐東流渭水深
秋跨蹇驢風尚緊　静投孤店日初沈
一枝猶掛東堂夢　千里空馳北巷心
明月悲歌又前去　満城煙樹噪春禽

宋代では、解試に合格すると、州府長吏から礼部に送られて省試を受ける。解試合格の定員である解額については、初めは定数がなく、太宗時代には一回の推挙に約一万人、淳化元年（九九〇）には二万人に達していた。宋代では解試の合格者は得解挙人となり、礼部の省試を受験する資格を得た応挙人だ。宋代には五代・後唐の制度を継承し、一部の応挙人が解試に参加せずに省試に直接参加できるようになり、「免解」と呼ばれる。辺境地区の挙人、太学の一部の生員に対しても、及び戦功、恩赦で特別な恩給を与え、免解することができる。省試に合格した後、知挙官から皇帝に上奏し、殿試を受ける。宋・明・清時代の殿試は、脱落することなく、すべて試験の成績で甲等（第一等）の順位をつけた。進士の上位十名は通常、皇帝が自ら確定し、進士は宋太宗の太平興国八年（九八三）から三甲（等）に分けられ、淳化三年（九九二）以後、五甲（等）に分けられた。北宋の時、進士殿試の第一位は、状元あるいは榜首と呼ばれ、第二位は榜眼、最年少者は探花と称された。南宋後期になると、「第一位は状元及第、第二位は榜眼、第三位は探花」と呼ばれるようになった（『夢粱録』巻二）。ある人は郷試、会試、殿試ともに第一位を獲得し、「連中三元」と称された。状元になると、翰林院修撰の官職を授与され、榜眼、探花は直ちに翰林院編修に任用された。清の康熙の時には、二、三甲進士になると、すべてが知県に任用された。

科挙及第は、読書人の社会的・経済的地位を大いに改善し、及第者は社会で権勢を振るった。清の時代には、秀才は知県に参るのは謁見であり、挙人は会見であった。これはつまり挙人が県知事と対等に座る身分があるということだ。知県は応接間で挙人に会う時、茶でお客さんをお見送ることはできない。挙人は罪を犯した場合も、まず学政に報告しなければならない。まず功名をはく奪してから、やっと平民の身分で審理することができる。挙人になると経済的にも根本的な変化が起こる。『儒林外史』によると、範進が挙人になると、「科挙及第の範殿さま」を訪ねる人が多く、「それ以来、やはり田産を送る人も、店を送る人もいる。二、三か月になると、範進の家には奴僕、小間使いはすべてあった。

唐代では、明経、進士に及第した後は、官吏の資格を得ただけで、そのまま任官することはできなかった。吏部の試験を受けて合格して初めて官職を与えられ、粗麻の布衣を脱ぎ、官服に着替えた。これはいわゆる「釈褐（解褐）」であり、もはや庶民ではなく、官職に就いたということを示す。初任した官職は通常、散官と職事官だ。散官は品の階、級を表し、職事官は実際の職務だ。授与された散官については、『新唐書・選挙志』では、「凡秀才、上上第、正八品上。上中第、正八品下。上下第、従八品上。中上第、従八品下。明経、上上第、従八品下。上中第、正九品上。上下第、正九品下。中上第、従九品下。進士、明法、甲第、従九品上。乙第、従九品下」という。このように、唐代の科挙出身者の初授品階はとても低く、当然のことながら、授与された職事官もあまり高くなかった。五代後唐の制度を受け継ぎ、進士・諸科に及第した後、礼部の貢院から吏部の南曹に送られ、判断問題三問の試験となり、関試とも称された。この試験に合格し、初めは褐授官となった。太宗の太平興国二年（九七七）には、進士・諸科に及第した者は五百人に達し、関試を経ずに全員は褐授官となった。宋代の進士、諸科及第者に授与した官職には、階官と職事官が含まれ、その官職の高低は時期によっても変化したが、全体的には授官の等級は次第に向上し、比較的優厚するようになった。授官される前にまず釈褐礼する、及第すると授官される、授官の優厚などは、宋代の科挙制度が釈褐授官において唐代との主な相違点だ。このことは、宋代の官僚政治における科挙合格者の地位が大きく向上したことを示していた。その後、元・明・清の時代には、進士になる者の授官は官職、待遇などの面で宋代より優れており、進士及第者の数が少なかったことも原因の一つだ。

科挙制度の影響

科挙制の是非と功過は、今日に至っても各人が各様の見解を持った論争問題だ。中国の歴史で約千三百年間にわたって施行された科挙制度は、封建的な朝廷が試験で人材の登用をはかった有力な措置であるだけでなく、封建的な知識人が立身出世の足がかりにもなり、人々が高い地位と高い給料を得る最も良い近道になった。それは読書、試験、仕官を緊密に結び付け、自然に封建的な知識人の広範な擁護と支持を受けた。

科挙制度は隋から生まれ、唐に完備されたのは、主に隋唐時代の三百年間が中国の封建専制国家の再建と発展の時期であり、大量の熟練した官吏が必要だった。また、階級の変化により、魏晋以来の士族制度の崩壊で庶族（「寒門」「寒族」とも呼ばれる）地主の勢力が拡大し、庶族地主は経済力を掌握した上で政権の再分配を求めた。政治的には、唐王朝は中央の皇権を強化するために、試験選抜権を豪族から封建主義国家に奪い返さなければならない。これで地方豪族の政治的特権をある程度制限し、庶族地主の政権参加の要求を満たし、政権の階級基盤を拡大し、国家の統一と安定を維持するのに大きな役割を果たした。また、試験選択制度が一定の客観的な基準に向かっていたことも、試験制度自体のさらなる発展の要求だ。要するに、科挙制度は封建中央の皇権統治を強化する試験選択制度であり、その誕生は時代の需要だけではなく、試験選抜・登用制度の発展の必然的な趨勢でもあった。政治的には、唐代の科挙制度は官吏の選抜と登用の権力を中央に集中させ、皇権を大きく強化した。唐太宗は端門（宮殿の正門）で新科の進士がそろって出てくるのを見て、「天下の英雄はわがネットにかかっている」と喜んだ。武則天の時代には、科挙を通じて政治のやり手を抜擢し、開元盛世（開元の治）に優れた官僚を提供した。

社会の気風から見れば、科挙制度は地主階級、特に中小地主の子弟の学習意欲を高め、彼らは一心不乱に進士試験に向け、科挙を通じて高い地位と高い給料を獲得することを望み、年を取って試験場で死んでも、恨みはなかった。唐の礼部員外郎・沈既済は、「父教其子、兄教其弟、無所易者。……五尺童子、恥不言文墨焉」と述べた。唐の宗室の子孫である李洞はしばしば試験に合格しなかったため、なんと先祖の墓に行って「公道此時如不得、昭陵慟哭一生休」と泣いて拝もうとした。富貴の子弟であれ、平民の子弟であれ、自分の運命を変えるためには、科挙という近道を通って主流社会に進出しなければならない。科挙制度の長期的な実施により、官僚の文化素養は基本的に保証され、地方官の行政体質をきれいにし、社会を安定させ、向学を奨励するのに重要な役割を果たした。

教育において、科挙制度が間接的に教育範囲を拡大させ、豪族地主が教育を独占した状況を打破し、学校数の増加を促した。唐の太宗以後、宰相は科挙出身が多かったため、皆が科挙試験の準備に没頭し、官学と私学の発展を刺激した。

試験方法においても、科挙制は両漢時代の察挙制や魏晋時代の九品中正制よりも完備で、規則が整然とし、厳格であり、特に知識・才能を評価する統一・客観的な基準があった。実際、隋唐は科挙を通じて確かに中央のために多くの人材を選抜した。例えば、唐初の名相・房玄齢、大詩人の白居易、大文学者の韓愈などはすべて進士の出身で、だから科挙制度は中国古代において積極的な役割を果たした。それだけでなく、個人の出身・家柄や世襲ではなく、試験で官吏を選ぶという発想は、当時としては初めてであり、ヨーロッパやアジア各国の文官試験にも影響を与え、積極的な役割を果たした。

科挙は人材を選抜する制度であるだけでなく、中国の伝統文化における重要な文化現象でもあり、中華民族の伝統文化の伝承と踏襲に対して重要な役割を果たした。それは、主に儒家文化の発展と唐詩の興隆に反映されていた。具体的には、科挙制を最も主要な媒介とし、漢武帝は董仲舒の「罷黜百家、独尊儒術」という提案を受け入れた後、儒教、儒学が治国方策となり、漢武帝の元光元年（紀元前一三四年）に「挙孝廉」科の実施は儒学を士人選択の最も重要な基準とした。

宋代になると、科挙が制度化され、科挙試験の内容は厳格に儒家経典に制限され、儒家経典は科挙試験の標準テキストとなり、科挙制は基本的に儒学の習熟度を選択基準とする選官制度となった。封建的な独裁政権は科挙制度によって儒家の価値体系を封建イデオロギーの核心とする根本的な手段として、中国の儒学経典を輝かせるために重要な役割を果たしていた。

唐代は科挙制度の定礎期として、後世の科挙発展に堅実な政治と社会基礎を提供した。唐代の科挙は主に詩賦で士人を選び、これは唐詩の普及と繁栄の肝心な所だ。唐詩には人口に膾炙する佳作はみな行巻作品だ。詩賦で士人を選ぶことは、大いに詩の繁栄を促進した。科挙試験を通じて、作詩を仕官への近道とし、これは必然的に世人の詩に対する努力と研鑽を促した。当時、知識人層のほとんどは詩歌作者であり、詩は知識人の学習と研究の必修科目になった。このような詩を重視する風潮は、唐詩の流行にも反映されていた。知識人だけではなく、科挙は広範囲にわたって中下層社会の人を仕官に引きつけた。これらの人はそれぞれ異なった程度で生活の試練を経験し、その詩や題材は生活にもっと近くて、内容はもっと豊かで、境地はもっと高遠である。これはまさに唐詩の千古不滅の魅力である。唐代詩人の多くは科挙の道を通った。すぐれた詩人、名詩が唐代にたくさん現れることは、科挙試験による詩賦の増設と不可分の関係にあった。

しかし、科挙制度の果たした積極的な役割を認めると同時に、文化・教育に対する消極的な影響も見なければならない。唐代以降、学校は次第に科挙の従属物に転落し、学校の教育内容も科挙試験の内容を主とし、学校の育成目標はすべて科挙を受け、科挙に及第することを指向した。これにより学校は衰微し、科挙は実際に教育制度の中心となった。科挙試験内容の制限も、受験者が一生をかけて全部で少数の経典、詩賦と注疏著作の中に費やし、ただ記憶だけを重んじて義理を求めない習慣を養成し、知識の実用性を軽視し、科挙の選抜に多くの凡人が現れた。科挙試験が科学技術などを疎かにしたため、国民の科学技術の水準は大きく落ち、才能のある人も埋もれてしまった。科挙制度の改革を試みたが失敗に終わった宋代の王安石は、「本来は学究（陳腐な学者）を秀才に変えようとしたが、秀才を学究に変えてしまった」と慨嘆した。科挙試験が実際から離脱した弊害は、ただ一面の改革によって徹底的に変えられるものではなく、科挙制度に縛られた社会は「学而優則仕（学びて優なれば仕う）」を価値の選択方向とし、商品経済の発展に阻害を与え、封建社会経済制度の発展を極めて抑制した。

原典を読む

所謂制挙者、其来遠矣。自漢以来、天子常称制詔道其所欲問而親策[1]之。唐興、世崇儒学、雖其時君賢愚好悪不同、而楽善求賢之意未始少怠[2]、故自京師外至州県、有司常選之士、以時而挙。而天子又自詔四方徳行、才能、文学之士、或高蹈[3]幽隠与其不能自達[4]者、下至軍謀将略、翹関[5]抜山、絶芸奇伎莫不兼取。其為名目、随其人主臨時所欲、而列為定科者、如賢良方正[6]直言極諫、博通墳典[7]達於教化、軍謀宏遠堪任将率、詳明政術可以理人之類、其名最著。而天子巡狩、行幸、封禅太山梁父、往往会見行在、其所

1 策……科挙制度における一つの文体、主に「時務策」を指し、当時の国家の政治生活に関する政治論文であり、「試策」ともいう。
2 怠……怠けること、怠ること。
3 高蹈……隠遁の生活を指す。
4 自達……自分で励まして表現すること。
5 『新唐書・選挙志（上）』「長安二年、始置武挙。其制有長垜……又有馬槍、翹関、負重、身材之選。翹関長丈七尺、径三寸半、凡十挙後、手持関距、出処無過一尺」
6 賢良方正……漢代の人材を選抜統治する科目の一つで、漢文帝の時代に始まった。被挙者は政治の損得に対して直言すべきである。特に優れていれば官職を与える。武帝の時代には詔を下して賢良を推挙し、賢良文学を復活した。名前には違いがあるが、性質が変わっていない。歴代はしばしば非常設の制科と見なされた。
7 墳典……三墳、五典の並び称で、後に古代典籍の通称に転じた。

以待之之礼甚優、而宏材偉論非常之人亦時出於其間、不為無得也。其外、又有武挙、蓋其起於武後之時。長安二年、始置武挙。其制、有長垜、馬射、歩射、平射、筒射、又有馬槍、翹関、負重、身材之選。翹関、長丈七尺、径三寸半、凡十挙後、手持関距、出処無過一尺。負重者、負米五斛[1]、行二十歩。皆為中第、亦以郷飲酒礼送兵部。其選用之法不足道、故不復書。(『新唐書・志第三十四選挙志』上)

按『唐典』凡選授之制、天官[2]卿[3]掌之、所以正権衡而進賢能也。凡貢挙之政、春官[4]卿掌之、所以核文行[5]而第[6]雋秀[7]也。自梁氏以降、皆奉而行之、縦或小有釐革、亦不出其軌轍。今采其事、備紀於後、以志五代審官取士之方也。(『旧五代史・志十選挙志』)

1 斛……中国の旧量器名で、容量の単位でもある。一斛は十斗であったが、後に五斗に改められた。
2 天官……官名。『周礼』には六官が設けられ、天官冢宰が筆頭となり、総御百官となった。武後光宅元年吏部を天官に改め、吏部のことを天官と呼ぶ。
3 卿は、高級官職を特徴付ける。
4 春官……唐光宅の年間礼部を春官に改め、後に「春官」を礼部の別称とする。
5 文行……文章と徳行。
6 第……順序。
7 雋秀……人気抜群。

宋初承唐制、貢挙雖広、而莫重於進士、制科、其次則三学選補。銓法[1]雖多、而莫重於挙削改官、磨勘転秩。考課雖密、而莫重於官給歴紙、験考批書[2]。其它教官[3]、武挙、童子等試、以及遺逸奏薦、貴戚公卿任子親属与遠州流外諸選、委曲瑣細、鹹有品式[4]。其間変更不常、沿革畳見、而三百余年元臣碩輔、鴻博之儒、清強之吏、皆自此出、得人為最盛焉。……宋之科目、有進士、有諸科、有武挙。常選之外、又有制科、有童子挙、而進士得人為盛。神宗始罷諸科、而分経義[5]、詩賦以取士、其後遵行、未之有改。自仁宗命郡県建学、而熙寧以来、其法浸備、学校之設遍天下、而海内文治彬彬矣。（『宋史・志第一百八選挙一』）

太宗始取中原、中書令耶律楚材請用儒術選士、従之。九年秋八月、下詔命断事官[6]術忽䚟与山西東路課税所長官劉中、歴諸路考試。以論及経義、詞賦分為三科、作三日程、専治一科、能兼者聴、但以不失文義為中選。其中選者、復其賦役、令与各処長官同署公事、得東平楊奐等凡若幹人、皆一時名士、

1　銓法……官吏を選抜・任用する条例。
2　批書……関系部門の証明書。
3　教官……学校を仕切る役人。
4　品式……標準、フランス式。
5　経義は、科挙の試験科目の一つで、経書文をテーマにして、受験者の作文にその意味を説明する。
6　断事官……官職名。北斉の僧職には断事沙門があり、断処の僧が仏教の戒律を犯すことを掌る。元は正初に断事官の一人を設け、後に八人に増え、枢密院に属し、軍府の刑政獄訟を裁決する事務を司った。明初に太祖は枢密院を設置し、大都督府を設置した。

而当世或以為非便、事復中止。世祖至元初年、有旨命丞相史天沢絳具当行大事、嘗及科挙、而未果行。四年九月、翰林学士承旨王鶚等、請行選挙法、遠述周制、次及漢、隋、唐取士科目、近挙遼、金選挙用人、与本朝太宗得人之効、以為貢挙法廃、士無入仕之階、或習刀筆以為吏胥、或執仆役以事官僚、或作技巧販鬻[1]以為工匠商賈。以今論之、惟科挙取士、最為切務、矧[2]先朝故典、尤宜追述。奏上。帝曰、此良法也、其行之。中書左三部与翰林学士議立程式、又請依前代立国学、選蒙古人諸職官子孫百人、専命師儒教習経書、俟其芸成、然後試用、庶幾勳旧[3]之家、人材輩出、以備超擢[4]。十一年十一月、裕宗在東宮時、省臣復啓、謂去年奉旨行科挙、今将翰林老臣等所議程式以聞。奉令旨、準蒙古進士科及漢人進士科、参酌時宜、以立制度、事未施行。至二十一年九月、丞相火魯火孫与留夢炎等言、十一月中書省臣奏、皆以為天下習儒者少、而由刀筆吏得官者多。帝曰、将若之何。対曰、惟貢挙取士為便。凡蒙古之士及儒吏、陰陽、医術、皆令試挙、則用心為学矣。帝可其奏。継而許衡亦議学校科挙之法、罷詩賦、重経学、定為新制。事雖未及行、而選挙之制已立。(『元史・志第三十一選挙一』)

---

1 販鬻……販売。
2 矧……まして、その上、それに。
3 勳旧は「勛旧」とも。功勳ある旧臣。『晋書・陳騫伝』「帝以其勛旧耆老、礼之甚重」。『新五代史・楚世家・馬殷』「殷拊膺大哭曰、吾荒耄如此、而殺吾勛旧」。
4 擢……抜擢すること。

選挙之法、大略有四、曰学校、曰科目、曰薦挙、曰銓選。学校以教育之、科目以登進[1]之、薦挙以旁招之、銓選[2]以布列之、天下人才尽於是矣。明制、科目為盛、卿相皆由此出、学校則儲才以応科目者也。其径由学校通籍者、亦科目之亜也、外此則雑流[3]矣。然進士、挙貢、雑流三途並用、雖有畸重、無偏廃也。薦挙盛於国初、後因専用科目而罷。銓選則入官之始、舎此蔑由焉。是四者厘然具載其本末、而二百七十年間取士得失之故可睹已。

科挙必由学校、而学校起家、可不由科挙。学校有二、曰国学、曰府、州、県学。府、州、県学諸生入国学者、乃可得官、不入者不能得也。入国学者、通謂之監生。挙人曰挙監、生員曰貢監、品官子弟

1　登進……昇進する、転じて推挙として用いる。

2　銓選……人材を選んで官を授与する。古代の挙士は選官と一致した。士が選ばれると、官となった。試士は礼部に属し、試吏は吏部に属し、科目で士を挙げ、銓選官とした。挙官は吏部が文官を選び、兵部は武官を選ぶという二ルートに分かれた。

3　雑流……非正規出身の雑職官吏、小役人。『宋史・選挙志四』「旧制、軍功補授之人、自合従軍……建炎兵興、雑流補授者衆」。

曰廕監、捐貲曰例監。同一貢監也、有歳貢、有選貢、有恩貢、有納貢。同一廕監也、有官生、有恩生。(『明史・志第四十五選挙一』)

古者取士之法、莫備於成周、而得人之盛、亦以成周為最。自唐以後、廃選挙之制、改用科目、歴代相沿。而明則専取四子書及易、書、詩、春秋、礼記五経命題試士、謂之制義。有清一沿明制、二百余年、雖有以他途進者、終不得与科第出身者相比。康、乾両朝、特開制科。博学鴻詞、号称得人。然所

1 貲……資。
2 歳貢……科挙時代に国子監に貢入した生員の一種。明・清の二代で、毎年あるいは二、三年に府・州・県学から秀才を選んで国子監に入学した。
3 選貢……明代は歳貢以外に学・行の優れる者を選んで国子監に貢入(入学)し、選貢と称した。
4 恩貢……皇帝が登極あるいはその他の祝典のために恩詔を発布した年に、歳貢を除いて更に一回選んで、「恩貢」と称した。
5 納貢……明代の科挙制度は人が金銭を寄付して国子監に入ることを許可し、生員が寄付した者は納貢と称し、普通の民人が寄付した者は例監と称した。
6 官吏が国に功を立てたり、公のために死んだりしたので、その子孫が国子監に入学することを官蔭と呼ばれ、官蔭で国子監に入学した者を官生と呼ばれる。
7 恩生……明代品官の子弟には官生と恩生の別がある。特恩者の出身者は、官品を限らず、恩生と言う。
8 制義……すなわち八股文である。『明史・選挙志二』「其文略仿宋経義、然代古人語気為之、体用排偶、謂之八股、通謂之制義」。
9 博学鴻詞は、清の康熙・乾隆年間に新設され、乾隆の諱を避けて博学鴻詞科と改められた。『庸庵文編・応詔陳言疏』「誠法聖祖高宗遺意、特挙制科、則非常之士、聞風興起。其設科之名、或称博学鴻詞、或称賢良方正、或称直言極諫」

試者亦僅詩、賦、策論而已。洎乎末造、世変日極。論者謂科目人才不足応時務、毅然罷科挙、興学校。采東、西各国教育之新制、変唐、宋以来選挙之成規。前後学制、判然両事焉。

……

有清学校、向沿明制。京師曰国学、並設八旗、宗室等官学。直省曰府、州、県学。

……

六堂肄業、分内、外班。初、内班百五十名、堂各二十五名。外班百二十名、堂各二十名。戸部歳発帑銀[1]、給膏火[2]、奨励有差、余備周恤[3]③。乾隆初、改内班堂各三十名、内、外共三百名。既而裁外班百二十名、加内班膏火、撥内班二十四名為外班。嘉慶初、以八旗及大、宛両県肄業生距家近、不住舍、不許補内班。補班之始、赴監応試、曰考到。列一、二等者再試、曰考験。貢生一、二等、監生一等、乃許肄業。仮満回監曰復班。内班生原依親処館、満、蒙、漢軍恩監生習或騎射、不能竟月在学者、改外班。眡大課一次、無故離学至三次以上、例罰改外。置集愆冊、治諸不帥教者。出入必記於簿、監丞掌之。省親、完姻、丁憂、告病及同居伯、叔、兄長喪而無子者、予仮帰裏、限期回監。遅誤懲罰、私帰黜革、冒替除名。

1 帑銀……国庫の銀子。『宋史・食貨志上六』「孝宗隆興二年秋、霖雨害稼、出内帑銀四十万両、変糴以済民」。

2 膏火……学習用の手当てのこと。『明史・楊爵伝』「兄為吏、忤知県繋獄。爵投牒直之、並繋。会代者至、爵上書訟冤。代者称奇士、立釈之、資以膏火」。

3 周恤……周済、接済。

課士之法、月朔、望釈奠畢、博士集諸生、講解経書。上旬助教講義。既望、学正、学録講書各一次。会講、覆講[1]、上書、覆背、月三回、周而復始。所習四書、五経、性理、通鑑諸書、其兼通十三経、二十一史、博極群書者、随資学所詣。日摹晋、唐名帖数百字、立日課冊、旬日呈助教等批晰、朔、望呈堂査験。祭酒、司業月望[2]輪課四書文一、詩一、曰大課。祭酒[3]②季考、司業月課、皆用四書、五経文、並詔、誥、表、策論、判。月朔、博士課経文、経解及策論。月三日、助教課、十八日、学正、学録課、各試四書文一、詩一、経文或策一。『清史稿・志八十一選挙一』）

1 復唱する。
2 月望……望月、満月。月が満ちるときは、通常月の半ばに当たるので、旧暦の毎月十五日を指す場合もある。
3 祭酒……漢魏以降の官名。漢代には博士祭酒があり、博士の長となった。隋唐以降は国子監祭酒と称し、国子監の主管官となった。清末に廃止された。

絢爛多彩な教育思想

徳と才能を兼備し、己を修めて人を治むことは、儒家の孜々たる教育目標だ。一方、美徳と学問は生まれながらにして知り得るものではなく、系統的な教育活動によって完成しなければならない。なぜなら、先秦より歴代の儒教学者は教育の価値を高く重視し、自覚的に師として教から自身の天職と見なし、教育活動の奥義を探求するように心がけているからだ。「何を教えるか」「どのように教えるか」などをめぐって、古代の教育者たちはさまざまな見解と主張を交わり、煌びやかな絵巻を織りなしていた。

教学内容と授業の設置

儒家の教学内容は西周時代の「六芸」教育の伝統を受け継いでいたが、儒家の創始者である孔子はこれにこだわっていなかった。革新と改造を経て、孔子は特別な教学内容体系を確立し、そして相応する基本教材――『六経』を制定した。後世では長らく用いられてきたが、『六経』は教材名から次第に科目の代称になってきた。『楽経』が秦代から後世に伝わらなくなったため、『五経』はカリキュラムの総称として『六芸』に取って代わり、中国古代教育の核心的な教育内容になった。また、南宋の教育家朱熹は『論語』『孟子』『大学』『中庸』という四部の儒家経典を共編・注釈し、『四書』と略称した。『四書』は後に朝廷の検定を経て学校の官定教科書として元・明・清三代に広く普及し、小学校教育段階の基本的な教育内容を構成した。

一　六芸

六芸は、礼、楽、射、御、書、数等の六科目を指し、西周時代の貴族教育体系の根幹部分である。『周礼・保氏』には、「養国子以道、乃教之六芸。一曰五礼、二曰六楽、三曰五射、四曰五御、五曰六書、六曰九数」とある。六芸には大芸と小芸があり、礼、楽、射、御は大芸で、大学の課程に属する。本、数は小芸で、小学校の課程に属する。

礼、つまり政治倫理の授業は、大学で最も重要な授業だ。礼は、祭祀に起源し、自然崇拝、トーテム（未開社会の人間に崇拝される自然物）崇拝、鬼神崇拝、祖先崇拝と呪術活動に含まれ、各種の儀礼をはぐくんだ。国学で教わる礼は、具体的には「五礼」を含み、政治、倫理、軍事、社会生活などあらゆる方面の法律と道徳規範を含み、西周の立国の本だ。貴族の子弟は「礼」を学んでこそ、その行働は規範に合致し、貴族の尊厳を顕彰し、更に官と治民になることができる。

五礼

吉礼……五礼の首、つまり祭礼であり、鬼神や上帝、星々、土の神谷の神など四方百物の祭祀を含み、祭祀を行なうと、福を受けることから「吉礼」と呼ばれる。

凶礼……葬儀、災厄、国の敗北、寇乱などへの哀悼であり、その中で葬式が最も重要だ。

賓礼……国家間の儀礼であり、それで隣邦間の親和を図る。諸侯が君主に拝謁する礼だ。

軍礼……戦争に関連する各種の儀礼であり、観閲（検閲）、出師、乞師、致師、献捷、献虜などを含む。

嘉礼……日常生活における様々な応対・交際の儀礼であり、身内や万民に親しむことだ。飲食礼、婚冠礼、賓射礼、餉燕礼、月辰膰礼、賀慶礼などを含む。


楽とは、すなわち総合芸術科目、芸術の総称だ。「楽者、楽也」、人を楽しませる、喜ばせるものは、音楽、詩歌、舞踊、絵画、建築、彫刻、田猟、ごちそうなどを含む「楽」と呼ばれる。課程として、楽の主な教育内容は「六楽」で、雲門、大塩、大韶、大夏、大濩、大武などの六組の楽舞だ。楽と礼は緊密に結びついていて、礼をするところにはすべて楽の協力が必要だ。そのため、楽の教育は芸術教育の機能だけでなく、政治倫理教育の担い手でもある。『礼記・文王世子』には「凡三王教世子、必以礼楽。楽所以修内也、礼所以修外也。礼楽交錯於中、発形於外、是故其成也懌、恭敬而温文」とある。従って、礼の役割は人の外部行為を拘束することにあり、一定の強制性がある。楽の役割は人の内心の感情を陶冶し、外在的な強制性のある礼を、自己満足が得られる内在的な精神の需要に変えることにある。礼と楽は、ともに六芸教育の中心を構成し、それぞれ違っていても相互に補い合って作り上げる教育の役割を果たしていた。

射、御とは、軍事訓練の授業だ。射とは、アーチェリー技術の訓練だ。御とは、御車（馬車を駆る）技術の訓練だ。奴隷制国家は貴族の子弟に「干戈（武器）を持って社稷（国）を守る」の武士になることを要求し、弓術と御車は彼らが身につけなければならない基本的な軍事技能だ。弓術の要求は主に正確さ、速度、強度と礼節である。御車技術の要求は主にリズム、柔軟、制御、正確、速度と姿態

射の技術基準「五射」

白矢……矢は的を射抜くと、矢先が白くなる。腕力が重要だ。
参連……三本の矢を連続で放ち、スピードが重要だ。
剡注……狙い時間は短いが、発射すれば必ず命中する。
襄尺……君と同時に矢を射るなら、臣は一尺後退し、尊卑を区別しなければならない。
井儀……四つの矢を的に当てるときに「井」の形になることを要求する。

御の技術基準「五御」

鳴和鸞……車のベルは車の運行に伴って鳴り、リズムに富んでいる。

逐水曲……車は曲がりくねった岸道を疾駆して水を落とさない。

過君哀……車を走らせて轅門（兵営の門）の障害物を通り抜け、正確であって妨害しない。

舞交衢……車を走らせて交差点を往来するのは、舞の軽さほどだ。

逐禽左……左寄りに車を走らせることで主将に撃たせやすくする。


だ。両者は礼節儀態を優劣を判定する基準に組み入れ、西周の「尊礼」の主導思想を十分に体現した。

書、数とは、つまり基礎教養科目だ。書とは、文字を書くこと。数とは、計算、算法（計算の規則）だ。六芸教育の開始段階は、文字の読み書きに重点が置かれていた。書の教育は主に「六書」に関連していた。つまり、指事、象形、形、会意、転注、当て字などの造字と識字の方法を勉強する。数の教育は主に「九数」に関連していた。数量を計り数える、甲子紀日法（干支紀日法）、一般計算能力の育成などが含まれていた。

九数

放田……耕地面積の計算。
少広……平方と立方の計算。
粟米……割合で交換する。
盈不足……仮定を用いて難題を解決する。
衰分……比例で配分する。
方程……連立一次方程式および正負数。
商功……工程計算。
句股……勾股定理。
均輸……人口、路上などの条件によって、賦粟の運送と賦役の分配を合理的に行う。

六芸教育は、高級と初級の二段階を兼ね備えており、文事も重視し、武備も重視し、思想道徳も重視し、文化知識も重視し、伝統文化も重視し、実用的な技能も重視し、礼儀規範も重視し、情感修養も重視し、中国古代教育の課程基礎を定めた。しかし、社会の発展に伴い、西周後期になると、六芸教育は徐々に変容し、実用色は日に日に弱まり、特に射・御は本来の軍事意義を失っていった。

二　六経

六経とは『詩』『書』『礼』『楽』『易』『春秋』の総称である。この六つの古典は孔子以前に既に存在していて、王室・貴族が保有していた。孔子は晩年にそれを整理し、教学の基本教材として、後代に『六経』と称した。

『詩』、すなわち『詩経』は中国で最も古い詩歌集であり、全部で三〇五篇がある。「詩」に含まれた内容はとても広範で、西周初年から春秋の中葉まで五百年の歴史を跨り、風、雅、頌の三つの部分に分かれていた。風とは十五国の民謡を含み、雅は貴族の文人が思想や感情を吐露した作品であり、頌は宗廟で先祖を祭る時に使う楽歌（歌い舞うもの）だ。『詩』における文章は多く四言（一句四言の古体詩）で、賦、比、興の手法を用いて、言葉は質素で美しく、描写が真に迫り、音節は自然に調和している。孔子は『論語・陽貨』の中で、「詩、可以興、可以観、可以群、可以怨、迩之事父、遠之事君、多識於鳥獣草木之名（詩は以て興すべく、以て観るべく、以て群すべく、以て怨むべし。邇くしては父に事え、遠くしては君に事え、多く鳥獣草木の名を識る）」と『詩』の教育価値を高く評価した。つまり、『詩』を勉強すると、学生に比喩・連想を教わって、社会を観察することができるということだ。また、学生の集団性を育成し、現実を風刺・批判する能力を備え、事父・事君の才能を養い、鳥獣草木などの自然常識を身につけることができる。

『書』は『尚書』とも呼ばれ、古代政治文献の集大成だ。孔子がこれを百篇に編纂したといい、現在まで伝わっているのは二十八篇だ。同書には夏商以来、特に周初の奴隷制国家の詔勅が記されていた。内容は祭祀告示と戦争告示に分けられ、文体は帝王に上書する建議と天子の命令を伝える文書に分けられた。『書』の編纂目的は先王の道を学ばせることであり、選んだ材料はすべて後世に伝え、人々を教化・規範する政治基準に符合していた。

『礼』は、『儀礼』あるいは『士礼』とも呼ばれ、西周と春秋時代の婚、喪、祭、飲、射、朝、聘など各種の典礼・儀節の集成であり、全部で十七編だ。孔子は礼の教育を極めて重視し、「不学礼、無以立（礼を学ばざれば、以て立つこと無し）」と考え、さらに「非礼勿視、非礼勿聴、非礼勿言、非礼勿動（礼にあらざれば視るなかれ、礼にあらざれば聴くなかれ、礼にあらざれば言うなかれ、礼にあらざればおこなうなかれ）」と提唱した。しかし、後世に伝えられた『礼』は『儀礼』だけではなく、『周礼』『礼記』と合わせて『三礼』と呼ばれている。『三礼』のうち、周公の作と伝えられる『周礼』は周代の官制と政治制度の記述を偏重しており、孔子に編纂された『儀礼』は儀礼の詳細な規範を偏重したと考えられ、前漢の礼学者・戴聖に編纂された『礼記』は、具体的な儀礼の解釈と論述を偏重していた。この三つの儒家経典は、共に中国古代礼儀制度の百科事典を構成した。

『楽』は儒家の経典として実在するかどうか、二つの説がある。一説によれば、『楽経』があったが、秦の焚書（秦代に発生した思想弾圧事件）により散逸してしまった。別の説によれば、もともと『楽経』がなく、『詩経』に付属し、「楽」は曲調、「詩」は歌詞である。『楽経』の有無は依然として懸案だ。六芸の中で孔子が最も重視したのは『礼』と『楽』だ。彼は、『礼』と『楽』はそれぞれ優れたところがあり、人を育てる過程で相互に補い合って作り上げり、大きな役割を果たすことができると考えていた。

『易』は『周易』とも呼ばれ、占いに使う本である。事物の変化を説き、陰陽両勢力の相互作用が万物を生んだ根源だと考える。陰爻と陽爻という二つの基本的な記号の組み合わせからなる八卦は、八つの事物（天、地、雷、風、水、火、山、沢）を象徴する。この陰陽の爻三つで八卦（小成卦）を、六つで六十四卦（大成卦）を構成し、総じて三百八十四爻になる。卦、爻にはそれぞれ説明があり、卦辞、爻辞と呼ばれ、自然や社会の変化を推測する。『周易』は経と伝の二つの部分に分けられ、経には卦辞と爻辞がある。伝には、卦辞と爻辞を解釈する七種の文辞が含まれ、全部で十編がある。『易』は高度な学問であり、孔子は晩年になってようやく熟読・精読を始めた。

『春秋』は中国に現存する最初の編年史であり、魯の隠公一（前七二二）年から哀公十四（前四八一）年まで二百四十二年間の歴史をを記した、編年体の歴史書であり、政治、経済、軍事、天文、地理、災異などの資料が含まれていた。孔子が『春秋』を編纂した目的は、歴史を「正名」にすること、すなわち周礼が定めた等級名分で「礼」に合わない社会の現実を矯正し、混乱した時代を安定させることにある。そのため、彼は「寓褒貶、別善悪」という春秋の筆法を発明した。それは回りくどい言い方で作者の褒貶と価値判断を表現し、往々にして一文字には深い意味が含まれていた。『春秋』の筆法は言葉が簡潔で難解であるため、後世に解釈・補足され、諸家の伝承が生まれた。現在に伝わる『春秋公羊伝』『春秋谷梁伝』と『春秋左氏伝』は、合わせて『三伝』と呼ばれている。

孔子が編修した『六経』は中国教育史上最初の教科書セットで、教科書編集史上の重大な事件でもある。『六経』を通観すると、孔子の教学内容には次の特徴がある。第一に、人事を重んずる、鬼神を軽んじる。その教学内容は歴史、政治、倫理などの社会現実知識を偏重しており、宗教科目を設けず、鬼神を敬うが、それには近づかないだ。第二に、文章を大切にし、軍備を軽くすることだ。伝統的な「六芸」の中の射、御などの軍事知識と技能の学習は薄められ、副次的な地位にある。第三に、自然知識、科学技術と生産労働知識が不足していた。孔子から見れば、勉強は政治のためであり、「君子は道を謀りて食を謀らず」といい、物質生産労働に関心を持つ必要はない。『六経』では、通常の教学内容として、礼、楽、詩、書の四科目があり、四者のうち前三者が最も重要だった。『論語・泰伯』では「興於詩、立於礼、成於楽（詩に興り、礼に立ち、楽に成る）」という。授業は『詩』を学ぶことから始まり、学生の感情と意志を刺激し、さらに『礼』を学んで、その言動を制約し、最後に『楽』を学んで、その性格を形成しなければならない。

三　四書

四書とは、儒教の根本経典とされる『論語』『孟子』『大学』『中庸』の総称だ。その中で、『論語』『孟子』は孔子、孟子と学生の論集であり、『大学』『中庸』はもと『礼記』中の二編だった。朱熹は初めてそれらを一つにまとめ、それぞれに注釈をつけた。この四つの経典はそれぞれ初期儒家の四人の代表的な人物である孔子、曾参、子思、孟子に由来しているので、『四子書』と呼ばれ、略して四書とも言われる。四書は儒家の布教、授業の基本教材として、数百年間に広く伝わって、元・明・清三代の読書人の必読書となった。

『大学』は、先秦時代の儒家道徳教育の重要文献で、孔子の弟子である曾参が作ったと伝えられている。本文では、「大学之道、在明明徳、在親民、在止於至善（大学の道は、明徳を明かにするに在り、民を親たにするに在り、至善に止まるに在り）」という大学教育の基本綱領を詳しく解説した。大学教育の八項目――格物、致知、誠意、正心、修身、斉家、治国、平天下を提出した。全文の体系が完備していて、論理が厳密であり、中国封建社会の知識人の修徳（有徳の生活をすすんで実践する）、治学（学問を修める）、立身処世（社会の一員となって世渡りをする）に重大な影響を与えた。朱熹に代表された宋代の理学者は「初学入徳之門（初学の徳に入る門なり）」と考え、それを四書の首席に位置した。

『中庸』は、儒家の教育哲学と思想を述べる文章で、作者は孔子の孫である子思と言われる。文章の中で「中庸」を最高の道徳標準に確定し、人々が修身と処世の過程において（考え・立場が）どちらにも片寄らず中立公正で、本分を守り、穏やかであることを要求した。文章の始めに、「天命之謂性、率性之謂道、修道之謂教（天の命ずるを之を性と謂い、性に率うを之を道と謂い、道を修むるを之を教えと謂う）」という命題を提出した。これは、天から与えられたものを性といい、その本性を従順・発揚することを道といい、その道を広めることを教という。このように、儒家は先天的な人間性と後天的な教育を結びつけ、学習と教育が人間性の発展に対する重要性を示した。これを出発点として、『中庸』は教育のルートと学習過程などについて集中的に論述した。

『論語』は孔子と弟子の言行を記した語録の散文集だ。全部で二十篇四百九十二章からなり、そのうち孔子の言行を記録したのは四百四十四章、孔門弟子の言行を記録したのは四十八章だ。『論語』は内容が豊富で、哲学、政治、経済、教育、文芸など多くの方面に関連していた。言葉には精錬があり、生き生きとした表現で、孔子という中心人物の儀姿と個性的な気質を伝えていただけでなく、穏やかで賢くて善良な顔回、率直で無鉄砲な子路、聡明で雄弁な子貢、さっぱりして俗事にわずらわされない曽皙など、多くの孔門弟子の異なるイメージを描写することに成功していた。『論語』は儒家の最も代表的な経典であり、先秦時代から近代新文化運動までの二千年余りの間に、中華民族の道徳、信念、性格と行為の養成に重大な影響を与えた。

『孟子』は、孟子とその弟子の言行を記した七篇からなる文集であり、全部で七篇二百六十章があり、各篇は上下に分かれていた。個体の視角から見れば、孟子は「人は本来、善であって、先天的に仁・義・礼・智という善の部分を持ち合わせている」と考え、絶えざる努力をすることによって、立派な人間になれることを提唱した。社会の視角から見れば、孟子は「民貴君軽」説を提唱し、統治者が「仁政」を施し、庶民を楽にさせることを主張した。『孟子』の文章は素朴・流暢で、気勢が雄大で、芸術の表現力と感染力に富んでいる。同書における大量の比喩と寓話は後代の人に引用され、ことわざとして後世に受け継がれ今もなお衰えていない。

『孟子』に由来する四字熟語（一部）

明察秋毫	始作俑者	縁木求魚	寡不敵衆	茅塞頓開	引而不発
出尔反尔	与民同楽	水深火熱	救民水火	独善其身	不言而喩
揠苗助長	事半功倍	出類抜萃	与人為善	心悦誠服	反求諸己
舎我其誰	綽綽有余	為富不仁	乱臣賊子	同流合汚	一毛不抜
自暴自棄	手舞足蹈	好為人師	左右逢源	夜以継日	当務之急
自怨自艾	先知先覚	専心致志	一暴十寒	舎生取義	杯水車薪

教育プロセス

教育は一種の社会実践活動であり、一定の教育プロセスにおいて徐々に展開する必要がある。では、授業はどのようなステップで構成されているのでしょうか。中国の古代教育家はこれに対して殊途同帰（道は違うが行き着くところは同じ）の回答をした。

一 「学習、思考、行動」の三段階論

孔子は世界で最も早く教育プロセスを説明した教育家の一人だ。彼は教育プロセスを「学び、思考、行動」の三段階にまとめ、人の一般認識プロセスとほぼ一致し、後世の教学理論と実践に深遠な影響を与えた

まず、学習は教学の基礎段階であり、知識を求める唯一の手段だ。向学の人は広範に各種の有益な知識を学ばなければならず、典籍から間接的な経験を吸収するだけでなく、実践で直接的な経験も獲得しなければならない。孔子は「学無常師(学問に常師なし)」と主張し、三人行けば必ず我が師有り(『論語・述而』)、善を行う者には従い、不善を行う者がいれば自分を省りみればよいからである。学習は謙虚でなければならず、これは社会の地位が低く、学識の浅い人に教えを請うことを含み、「敏而好学、不恥下問(敏にして学を好み、下問を恥じず)」(『論語・公冶長』)、「以能問於不能、以多問於寡。有若無、実若虚(能を以て不能に問い、多きを以て寡きに問う。有れども無きが若く、実てるも虚しきが若し)」(『論語・泰伯』)をしてはいけない。学習の態度をきちんとさせ、事実に基づいて正しさを判断してはいけない。「知之為知之、不知為不知、是知也(之を知るを之を知ると為し、知らざるを知らざると為す。是れ知るなり)」「道聴而塗説、徳之棄也(道に聴きて塗に説くは、徳をこれ棄つるなり)」という。孔子は、「毋意、毋必、毋固、毋我」という四種の欠点を学習の過程で根絶することを学生に求め、たわいもないことを空想しない、絶対的な肯定をしない、固執しない、独りよが

りにならない、という意味だ。また、学習は反復練習で学んだことを固めることが必要であり、温故知新（故きを温ねて新しきを知る）を実現してはいけない。孔子は「学如不及、猶恐失之（学は及ばざるが如くするも、猶おこれを失わんことを恐る）」と考え、学問は追いかけるようにしてついて行っても、それでも姿を見失いそうになるものである。だから、「学而時習之（学びて時に之を習ふ）」ために、学んだ知識を確実に自分のものにして成果をあげると、内心は自然に楽しみと満足を感じる。

次に、学習と思考は互いに結合しなければならない。「学而不思則罔、思而不学則殆（学びて思わざれば則ち罔し、思いて学ばざれば則ち殆し）」（『論語・為政』）とは、勉強をしても何も考えなければ分からず、考えても勉強しなければ無駄になるという意味だ。孔子は学ぶだけで考えないことに反対し、学習するときに問いを投げ、積極的な思考が学習のプロセスを貫くと主張した。『論語・季氏』では「君子有九思。視思明、聴思聡、色思温、貌思恭、言思忠、事思敬、疑思問、忿思難、見得思義」という。つまり、君子が常に心がけるべき九つの事柄として、見るときははっきり見る、聞くときはしっかりと聞く、顔つきはおだやかに、態度はうやうやしく、言葉は誠実で、仕事には慎重、疑問は質し、怒りにはあとの面倒を思い、利益を前にしては道義を思う、という意味だ。まじめに考えてこそ、学んだことを自分のものにすることができる。孔子は「思考」の価値を重視しているが、思考を重んじて学ばないことにも断固反対していた。彼は「吾嘗終日不食、終夜不寝、以思、無益、不如学也（吾嘗て終日食らはず、終夜寝ねず、以て思ふ。益無し。学ぶに如かざるなり）」（『論語・衛霊公』）と述べた。このように、学習は基礎であり、考えることは肝要であり、両者は互いに補完的であり、どちらもおろそかにしてはならない。

最後に、実際に役立てるために学び、言行一致しなければならない。学んだ知識と道徳は、実際の生活に応用できず、現実問題を解決することができなければ、学習は自身の価値を失う。『論語・子路』では「誦詩三百、授之以政、不達。使於四方、不能専対。雖多、亦奚以為（詩三百を誦し、これに授くるに政を以てして達せず、四方に使いして専り対うること能わざれば、多しと雖も亦奚を以て為さん）」という。確かに、『詩経』三百篇を熟読し、彼を政務に行かせたが、実行できなかった。彼を外国に派遣しても、独立して対応できなかった。本をたくさん読んでも、何の役に立つことがあるのか。そのため、孔子は教育プロセスにおいて、学生に学んで実際に役立てることを求めた。魯国の権臣季康子は孔子に、仲由（子路）、端木賜（子貢）、冉求（冉有）の三人の学生が政事を管理できるかと尋ねた。孔子は、「由也果（由や可なり）」「賜也達（賜や達なり）」「求也芸（求や芸あり）」「於従政乎何有（政に従うに於いて何かあらん）」と答えた（『論語・雍也』）。つまり、この三人の学生は果断であったり、人情に通じていたり、多芸多才であったりして、彼らに政治を処理させるのに何の困難があるのか。学は手段であり、行は目的だということがわかる。学者は言葉を慎み、行動を敏捷にし、「恥其言而過其行（実践の伴わない発言を恥じ）」「訥於言而敏於行（君子は言に訥にして、行に敏ならんことを欲す）」というように、学んだことを社会実践の中に体現し、大言壮語や言行の逸脱を避けなければならない。

二 「聞く、見る、知る、行う」の四段階論

荀子は、学習とは初級段階から高級段階に向かって絶えず発展する過程であり、低い段階から高い段階まで、聞く、見る、知る、行うという四つの段階に分けられるとしていた。荀子の学習四段階理論は、知と行の関係を比較的正確に述べており、弁証法という要素があり、教育活動の展開に明確なルートを提示した。

「聞く」と「見る」は、学習の起点と基礎であり、知識の源だ。人の学習は耳、目、口、鼻などの感覚器官が外部の事物に接触することから始まる。異なる感覚器官が異なる種類の事物と接触することによって、異なる感覚が生まれ、それによって更に学習するために必要な基礎を築いた。逆に、十分の五感体験がなかったら、「聞見之所未至、則知不能類也」（『荀子・正名』）ということだ。しかし、感覚だけでは物事の法則を把握することはできない。感覚は物事の部分的な属性しか反映しておらず、主観的な色彩が強いことが多いため、学習者は「聞く」と「見る」のもとで学習のより高い段階——「知る」へ発展しなければならない。「知る」は、思考のプロセスであり、感性的な認識が理性的な認識へと向上するプロセスだ。荀子は「凡人之害、蔽於一曲、而暗於大理」と言った（『荀子・解蔽』）。つまり、人々は問題を考える時に、複雑な物事と現象に対して全面的な理解が不足し、ただ木を見て、森を見えない、という誤りを犯しやすい意味だ。このように一方的に「言う」ことは、人々の事物に対する正しい認識を妨害する。そのため、荀子は「兼陳中衡」という方法を提案した。物事のさまざ

まな側面やさまざまな状況を示し、「比べる」と権衡で適切な、中正（＝公正）の認識を決めるのだ。この考え方は学習者自身の知識、経験の限界を突破し、一端を固執せず、できるだけ全面的、客観的、公正な基礎の上で解釈と判断を下すのに役立つ。また、「知る」の段階では、学習者は「虚一而静」、すなわち、虚を保持し、精神集中、頭脳明晰の状態を維持してこそ、著しい学習効果を得ることができる。

「行う」は学習の最高段階だ。『荀子・儒効』では「不聞不若聞之、聞之不若見之、見之不若知之、知之不若行之、学至於行之而止矣（聞かざるは之を聞くに如かず、之を聞くは之を見るに如かず、之を見るは之を知るに如かず、之を知るは之を行うに如かず。学は之を行うに至りて止む）」という。つまり、「知る」から得られた知見は、何らかの仮説の性質を持っており、必ずしも信頼できるとは限らず、行動に移す必要がある。「行う」の検証を通じて得られた「知る」こそ「わきまえる」と言える。この考え方に基づいて、荀子は「知る」と「行う」の関係を基準にして人を四つに分類した。

口能言之、身能行之、国宝也（言葉で表現も出来、実行力もある。そんな人は国家の重要な宝物である）。

口不能言、身能行之、国器也（言葉ではうまく表現できないのだが、実行力はある。そんな人は国家の大切な器である）。

口能言之、身不能行、国用也（言葉ではうまく表現できるが、実行する力まではない。そんな人は国家が利用する道具である）。

口言善、身行悪、国妖也（言葉ではきれいごとを言いながら、実行しているのは邪悪なことばかり、というのは国家にとって不吉なあやかし）。

言行一致、善言かつ行動する者は最も上等の人材だ。行うしかない、あるいは言うしかない人はその次で、それぞれに価値がある。言行不一致で、善言悪行の者は最も下等の人物だ。この四種類の人間に対して、国を治むる者は異なる対策を取るべきであり、「敬其宝、愛其器、任其用、除其妖（その宝を敬い、その器を愛しみ、その用に任せ、その妖を除く）」（『荀子・大略』）ということだ。

三　「学ぶ、問う、考える、弁別、行う」の五段階

先秦時代の儒家経典『中庸』は、教学過程を「博学之、審問之、慎思之、明辨之、篤行之（博く之を学び、審らかに之を問い、慎みて之を思い、明らかに之を弁じ、篤く之を行う）」という五つの段階に要約した。これらの五段階は孔子の「学ぶ、考える、行う」思想と荀子の「聞く、見る、知る、行う」思想の継承と発展であり、先秦の儒家の学習プロセスの完全な表現であり、後世の学者に知識を求める勉学の基本的な道とし、古くから伝わっている。

「博学之」とは、政治、倫理、道徳など多方面の知識を幅広く学ぶことだ。「審問之」とは、学んだ知識の内容に対して慎重に疑問点を提起することだ。

「慎思之」とは、疑問点を分析し、慎重に考えることだ。

「明辨之」とは、慎重に考えて偽りを捨てて真を残し、是々非々を明確にし、努力の方向を確定することだ。

「篤行之」とは、観念と行為を統一させ、明確な結論を行動に移すことだ。

『中庸』は、上述の五段階は完全なプロセスであり、やさしいところから難しいところへ一歩々々進み、各段階が十分に実現されてこそ、個人の学習は確実な進歩を得ることができると強調し、「有弗学、学之弗能、弗措也。有弗問、問之弗知、弗措也。有弗思、思之弗得、弗措也。有弗弁、弁之弗明、弗措也。有弗行、行之弗篤、弗措也。……果能此道矣、雖愚必明、雖柔必強（学ばざるあり、之を学んで能くせざれば措かざるなり。問わざるあり、之を問ひて知らざれば措かざるなり。思わざるあり、之を思ひて得ざれば措かざるなり。弁ぜざるあり、之を弁じて明らかならざれば措かざるなり。行わざるあり、之を行ひて篤からざれば措かざるなり。人一たび之を能くすれば己之を百たびし、人十たび之を能くすれば己之を千たびす。果たしてこの道を能くすれば、愚と雖も必ず明らかに、柔と雖も必ず強なり）」という。つまち、勉強しない限り、勉強してもまだ身につかないと気がすまない。問い詰めない限り、問い詰めても納得がいかなければ、やめない。考えない限り、考えても結果が出ない限り、やめない。分析しない限り、分析しても分からない、絶対にやめない。実行しない限り、実行しても確実でなければ、止まらない。そうすれば、愚かな人でも賢くなり、弱い人でも必ず強くなる、という意味だ。

明代の哲学者、政治家王守仁はこう言った。

「夫学、問、思、弁、行、皆所以為学、未有学而不行者也。如言学孝、則必服労奉養、躬行孝道、然後謂之学、豈徒懸空口耳講説、而遂可以謂之学孝乎。学射則必張弓挟矢、引満中的。学書則必伸紙執筆、操觚染翰。尽天下之学、無有不行而可以言学者、則学之始、固已即是行矣」

（『王陽明全集』巻一『伝習録』中）

教育の基本原則

儒学の創立初期に、孔子は教育とは「学ぶ」と「考える」を両立させることを主張した。外向きの「学ぶ」を重視しながら、内向きの「考える」を重視するということだ。孔子以降の儒学教育は、次第に二つの異なった教育思想に分化された。一つは「内求（内在の力に頼る）」を基本原則とし、「理は心の中にある」と考え、さらに学習と研究を提唱した。孟子、董仲舒、王守仁などの教育家はその代表だった。一つは、「外鑠（外在の力に頼る）」を基本原則とし、「学知乃之」「格物窮理」を提唱し、荀子、王充、朱熹などの教育者はその代表だった。

一　内求説

孟子は生涯、孔子を崇拝し、「孔子の道」を守ったと自任したが、教育活動においては孔子の思想と一定の区別があった。孟子は「万物皆備於我（万物は、ことごとく我に備わっているのだ）」と信じた（『孟子・盡心上』）。すべてが私の心に備わっている以上、心を働かせることで、天命を知ることができるのだ。これに基づき、孟子の教学思想は内向に偏り、「学ぶ」と「考える」の間で、彼は更に「考える」を重んじ、理性的な思考の価値を強調した。『孟子・告子上』では「心之官則思、思則得之、不思則不得也（心の官は則ち思う。思えば則ち之を得る。思わざれば則ち得ず）」という。孟子によれば、学習は一種の内心世界に対する探求であり、教育の肝心な点は学生の学習主動性を啓発することにあり、すなわち「深造自得（さらに学習・研究を進め、精深の境地に達する）」ことだ。「深造」とは、学問を究めるために更に研究することであり、これは高度な学問を身につけるために不可欠な基礎だが、「自得（身につける）」ことが肝心だ。「自得」とは、自分で考え、自分の見解を持ち、権威ある古典に盲従しないことを意味する。『孟子・離婁下』では「自得之、則居之安。居之安、則資之深。資之深、則取之左右逢其源（之を自得すれば、則ち之に居ること安し。之に居ること安ければ、則ち之に資ること深し。之を資ること深ければ、則ち之を左右に資るも其の源に逢う）」という。自ら学問を追求し、独自の見解を持ってこそ、堅実で深い知恵が生まれ、何があってもそれを使いこなすことができる。教師として、学生の意思を尊重し、学習の主体性を喚起し、強制的に知識を注入してはいけない。

漢代の儒学者董仲舒は「天」を宇宙万物の最高主宰者と考え、天は人類を創造した時、人に道徳を与えた。人の心の中に「天道」が宿る。人は内省することで、「天意」を知ることができる。知識学習も同様であり、個体のリフレクションによって獲得されなければならない。董仲舒のこのような考え方は、孟子の「万物は我に備えよ」の思想と一脈相通じており、これを基礎にして、教学の過程で学生の「内視反聴」を養成することに注意すべきだと考えた。内視とは、即ち内に向かって、自覚的に自分の言行を反省する。反聴とは、すなわち外に向かって、人の意見を聞くことができ、聞いた意見を自分自身に向けることができる。董仲舒は、詩、書、礼、楽などの儒家経典を教学の基本内容とし、「六学皆大而各々所長」(『春秋繁露・玉杯』)を提出したが、鳥獣草木などの自然知識の学習に反対し、これらは仁義道徳とは関係なく、後進(後れた者)を惑わせるだけだと考えた。明代の教育家王守仁は「心」を天地万物の起源と主宰であり、何でも包み合うことができると考えた。「心」と「理」は一つに統合され、世界では人の主観的な認識を離れず、独立して存在する客観的な法則がない。「心即理」「心外無事、心外無理、故心外無学」(『王文成公全書・紫陽書院集序』)のために、教学プロセスは「自分の心に道理を求める」過程でなければならない。人の心の中の道理は「良知」とも呼ばれ、すべての物事と規律、道徳規範と品質はすべてその中に含まれた。人は先天的に良知を持っている。良知は人の一生の中で減ることもなく、なくなることもないが、だまされる可能性がある。教育の役割は、「致良知(事物の道理を究めて極所に至る)」ことであり、物欲の隠ぺいを取り除き、良知を顕現させる。「致良知」の具体的な方法は「格物」だ。王守仁は、「物者、事也、凡意之所発必有其事、意所在之事謂之物。格者、正也、正其不正以帰於正之謂也」(『王文成公全書・大学問』)と考えた。よって、ここの「格物」すなわち「正心」は、不正な考え方を改め、物欲のごまかしを取り除き、道徳・行為を正しくし、それによって内在的な天徳・良知を喚起することだ。

二　外鑠説

「人性の善」を信じた孟子と違い、荀子は、人間の本能には仁義礼智のような道徳的な品性は存在せず、人性は悪いと考えた。人が善になるのは、すべて後天的な努力による。『荀子・性悪』では「人之性悪、其善者偽也(人の性は悪なり。その善なるものは偽なり)」という。教育の役割は「化性起偽(悪なる情性を化し偽を起し善を積む)」にある。孟子の「内求」の考え方とは逆に、教育は絶えず知識と道徳を蓄積する「外鑠」の過程であると考えた。「学ぶ」と「考える」の関係において、彼は「学ぶ」に重点重きを置き、後天的な学習の重要性を強調した。荀子は有名な『勧学篇』の中で「吾嘗終日而思矣、不如須臾之所学也。吾嘗跂而望矣、不如登高之博見也。登高而招、臂非加長也、而見者遠。順風而呼、声非加疾也、而聞者彰。仮輿馬者、非利足也、而至千里。仮舟楫者、非能水也、而絶江河。君子生非異也、善仮於物也」と述べた。高いところに登れば広く見え、追い風がよく聞こえ、舟を借りて川を横断することができるようになるのと同じように、有徳の生活をすすんで実践するためには現有の知識・経験を広く学ばなければならず、うまく外力を借りる。後漢の教育家・王充も「生而知之」の観点に反対していた。王充は「才有高下、知物由学、学之乃知、不問不識」と述べた（『論衡・実知』）。人の先天的な条件には違いがあるが、物事を知るためには学ばなければならず、「不学自知、不問自暁」という聖人はいない。王充は教学過程に「見聞為」と「開心意」の二段階を含めるべきだと考えていた。「見聞為」とは、教学においてまず耳で聞く、目で見る、口で質問する、手でやることを頼りにして、直接客観的な事物に接触することだ。耳目などの感覚器官で外物を感じることは認識の最も根本的な条件だ。『論衡・程材』では「斉郡世刺繍、恒女無不能。襄邑俗織錦、鈍婦無不巧。日見之、日為之、手狎也」という。一人の普通の婦人が刺繍して錦を織ることができるのは、いつも見てやるからで、慣れれば上手になる。「開心意」とは、頭を使って理性的に考えることだ。教育は感性的な認識の段階にとどまってはならず、ただ見聞だけで、一方的で不完全な知識を獲得するだけであり、感性的認識を深化・向上させなければならない。

南宋の理学者朱熹は、教育の目的が知識を学び、科挙試験のためではなく、学生に身を処する道理を理解させ、自分を修養して徳を積み、世を治めていくことである、と考えた。彼は「聖賢千言万語、只是教人明天理、滅人欲」と言った（『朱子語類』巻十二）。朱熹によれば、「理」は万物が生み出す根源であり、自然界から独立した絶対精神だ。宇宙に「理」が詰まっている。「気」は万物を構成する材料で、人は「理と気合」の産物だ。「理」は人の心に固有のものだが、人は心の中の知識を直接的に認識することができず、「格物」という手段を借りて、「格物窮理」を実現しなければならない。

格とは、尽きることだ。物とは、物事であり、天理の体現だ。朱熹の「格物」は、王守仁の「格物」とは違う。朱熹は「外求（外に求める）」を重視したが、荀子・王充とは区別した。このような外求の目的は、客観的物質世界を認識することではなく、あらゆることを通じて「天理（天然自然の道理）」を悟ることを主張することだ。

教育の具体的な原則と方法

古代中国の教育は歴史が長く、歴代の教育家は教育実践の中で大量の豊富な価値がある教学原則と方法を総括した。例えば、孔子の「因材施教（対象に応じて異なる教育を施す）」「啓発・誘導」、孟子の「深造自得（学問を究めるために更に学習と研究を進め、精深の境地に達する）」「盈科而進（水が流れるとき、くぼんだ所があると、まずそこにたまってから先へ流れていく。学問も、一歩一歩順を追って進むべきことをいう）」、荀子の「解蔽救偏（複雑な物事・現象に騙されず、偏見を正す）」「兼陳中衡（事物の一面に偏らないで、すべての事物に対して全面的、広範な比較、分析を行い、物事を如実に把握しようとする）」、韓愈の「倶收並蓄（いろいろなものを一緒に取り込んで保存する）」「提要鉤玄（綱要を指摘し、精微を探究する）」など、これらの教学原則と方法の概略を簡明かつ明瞭に知るため、ここで重点的に『学記』の教学原則方法体系と朱熹が創立した「朱子読書法」を紹介する。

一　『学記』の教育原則と方法

『学記』は、『礼記』の中の一篇であり、戦国時代末期に書かれた世界最古の教育論著だ。『学記』は先秦時代の儒家の教育経験と教育思想を全面的に体系的に総括し、その中で教学の原則と方法についての論述は透徹し、全篇の精華だ。

教学相長（教学相長ず）

教学相長とは、人に教えることと、師に学ぶこととは、互いにあいまって、自分の学業を向上啓発させるという意味であり、これは教師がどのように自己向上を実現するかに対する要求だ。『学記』には、「雖有佳肴、弗食不知其旨也。雖有至道、弗学不知其善也。是故学然後知不足、教然後知困。知不足、然後能自反也。知困、然後能自強也。故曰、教学相長也。『兌命』曰、学学半、其此之謂乎」がある。つまり、嘉肴有りと雖も、食はざれば其の旨きを知らざるなり。是の故に、学びて然る後に足らざるを知り、教へて然る後に困しむを知る。足らざるを知りて、然る後に能く自ら反るなり。困しむを知りて、然る後に能く自ら強むるなり。故に曰く、教学相長ずるなりということだ。『尚書・説命篇』に言及された「人に教えることは、相手だけでなく自分にとっても勉強の効果がある」も、この意味だ。この原則は教育プロセスにおける教えと学びの間の相互依存と相互促進の関係性を明らかにしており、「学び」は「教える」ことによって進歩し、「教える」ことで「学び」は深まる。

蔵息相輔（授業内の学習は課外の練習とあいまう）

これは、授業内の学習と課外活動との関係を正しく扱うための要求であり、「大学之教也、時教必有正業、退息必有居学」という。正業とは、正規の学業であり、居学とは課外練習であり、両者はそれぞれ価値があり、互いに結合し、互いに促進しなければならず、「不興其芸、不能楽学。故君子之於学也、蔵焉修焉、息焉遊焉。夫然、故安其学而親其師、楽其友而信其道、是以雖離師輔而不反也」という。つまり、いろいろな課外芸を学ばないと正課に行けないという意味だ。課外練習は正課学習の継続と補足であり、授業における学習の内容を強化させ、勉強にメリハリをつけて楽しみを持たせることもできる。だから、勉強が上手な人は、授業の時に必ず一心不乱に勉強し、休みの時に思いきり雑技をいじって、このようにしてこそ、学習に安住し、師長に親しみ、交友を楽しみ、信念を守ることができ、たとえ後で師友を離れても通って来た道を歩まない。

豫（予防）・時（時機）・孫（適応）・摩（観察）

これは教育の成功を保障するために提出した四つの具体的な原則

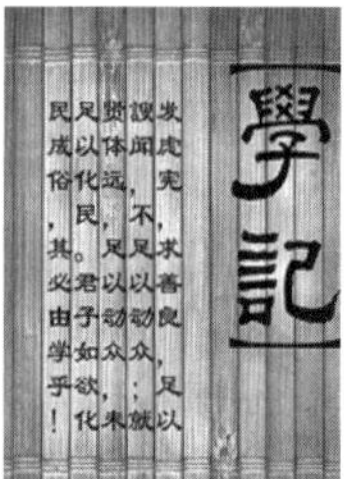

であり、「禁於未発之謂豫。当其可之謂時。不淩節而施之謂孫。相観而善之謂摩。此四者、教之所由興(也)」という。豫とは、事前に予防することだ。教師は学生が発生する可能性のある悪い傾向を事前に予測し、措置を取って事前に防止する。時とは、適時だ。学習の適当な時機をつかんで、適時に教えを施すべきで、さもないと「苦労しても成功しにくい」。孫とは、順番だ。一定の規則に従って順番を進めなければ、学生に困窮を感じさせたが、利益がない。摩とは、観摩であり、師友の間は互いに学習し、長を取って短を補う。一人で学ぶ友達がいないのは必然的に見聞が狭く、友達と付き合う不注意は自分の学業をおろそかにしかねない。

啓発・誘導

孔子は、世界で最も早く啓発的な教育を提出した教育家であり、教育の過程で教師はまずなんとかして学生の学習意欲を引き出し、彼らを積極的に問題を考え、自分の観点を表現するように指導しなければならない。それから、情勢によって有利に導き、一を知って他を類推し、一を挙ぐれば三を反す。『学記』は孔子の啓発性教学の思想を継承・発揚し、「君子之教、喩也。道而弗牽、強而弗抑、開而弗達。道而弗牽則和、強而弗抑則易、開而弗達則思」という。つまり、教師は積極的に指導し、無理やり学生を引っ張って歩くのではなく、教師と生徒の関係が和やかになるという意味である。学生を励むように促するが、強制や抑圧しないだ。このように学生はやっと勉強にストレスがあっても、目標に達しやすい。思考のクセをつけるように誘導しても、既成の答えを提示しないことで、このようにようやく自ら考える習慣を学生に身につける。

長善救失（学生の長所をうまく発見し、ミスを是正するように誘導する）

これは対象に応じて異なる教育を施す具体化であり、すなわち積極的な要素を発揚し、消極的な要素を克服することだ。学生は学習時に四つのミスを犯しやすく、「或失則多、或失則寡、或失則易、或失則止。此四者、心之莫同也。知其心、然後能救其失也」という。多とは、知識を学習するのはあまりにも雑多で、欲が多いことだ。寡とは、読書の少なさ、知識の狭さだ。易とは、学習は解を求めない、せっかちでうぬぼれやすい。止とは、わずかなことでやめたり、恐れたりしてやめたりすることだ。上述の四種類の欠点は学生によって表現が異なり、発生する原因も異なる。教師として、学生の心理の相違と問題点を理解し、状況に応じて、学生の長所を発揚し、欠点を克服しなければならない。

善教継志（教えることの上手な人はその志を人に引き継がせる）

これは教師がとるべき教育方法に対する要求だ。『学記』では「善歌者、使人継其声。善教者、使人継其志。其言也、約而達、微而臧、罕譬而喩、可謂継志矣」という。歌のうまい人は、聞く人をきあわせて歌わせるという意味だ。教えるのが得意な人は、学生に自発的に彼の導きに従って学習させることができる。このような人は、言葉が簡潔でも道理がはっきりしていて、叙述は浅くても意味が深遠で、実例は多くないが啓発に富んでいる。これは、生徒を彼の示す方向に追従させることが得意だといえる。

三　朱子の読書法

朱熹の読書法は、彼が長期にわたった経験と先代の読書経験を概括し結論付けたものであり、中国で最も影響力のある学習方法でもある。朱熹は、「天理」を追求することが教養の究極の目標であり、「天理」の精髄はすべて聖賢の書の中に含まれているため、聖賢の書を読むことは理を窮めるための必須の道だ、と考えた。朱熹は一生に渡って読書をこよなく愛し、どのように読書するかについて深い理解と詳しい説明をした。没後、弟子が読書について語った言葉を整理して六条読書法とした。朱子の読書法は読書経験の集大成（優れたものをえりすぐって集めたもの）であり、内容が豊富で、精錬と透徹し、一つの完備な読書、向学、進業の方法体系を構成し、中国古代の読書法の基礎を築いた。

循序漸進（順を追って一歩々々進める）。

循序とは、教材の客観的な順序と学生の能力に従って授業の進度を確定することだ。漸進とは、速さを求めないことだ。具体的に言えば、第一に、読書には一定の順序があり、「以二書言之、則通一書而後又一書。以一書言之、篇、章、文、句、首尾次第、亦各有序而不可乱也」という。第二に、自分の実際の状況や能力に応じて読書計画を立て、それをきちんと守り、すなわち「量力所至而謹守之」

ということだ。第三に、読書はしっかりして、一歩一歩前進し、焦ってはいけない、「未得乎前、則不敢求乎後。未通乎此、則不敢誌乎彼」ということだ。

熟読精思（文章の意味をよく考えながらじっくり読み、詳しく考える）

　熟読とは、何度も読み返して心に馴染むことだ。朱熹は、本を読むことは果実を食べるようなもので、よく噛むだけで味が出るので、必ず何度も読んで、「其の言をして皆吾の口より出づるが若くせしむべし」と考えた。精思とは、深く研究し、心の中で要義を深く考え、「其の意をして皆吾の心より出づるが若くせしむ」ことだ。また、熟読と熟考は互いに協力し合い、分割してはいけない。「読書有三到。心到、眼到、口到。心不在此、則眼看不仔細。心眼既不専一、却只浪漫誦読、決不能記、記亦不能久也（読書には三つの届くがある。心は届く、目は届く、口は届く。心がここにいないと、目が注意深くなくなる。心は一心

ではないが、ただロマンチックに読むだけで、決して覚えてはいけない)」という。

虚心涵泳

虚心とは、読書の時に謙虚な気持ちが谷のように深く、多くの意見を受け入れられ、先入観にとらわれてはいけない。また、牽強付会してはいけない。涵泳とは、本を読む時にじっくりと内容を深く味わい、「読書之法無他、惟是篤誌虚心、反復詳玩為有功耳」ということだ。朱熹は、本を読む時に必ず謙虚な態度で聖賢の心と寓意を体得しなければならず、主観的に推測したり勝手に発揮したりしてはならず、特に先入観にとらわれてはいけない、と強調した。本を読んでいるうちに疑問が見つかれば、種々様々な意見があるが、じっくり考え、取捨を慌ただしく決めてはならない。

切己体察

切己検察とは、本を読む時に、本の中の道理と自身の経験、生活を結び付け、本の中の道理で自分の実践を指導することだ。朱熹から見ると、「道理の門に入るということは、自分をその道理の中に入れ、だんだんお見合いをし、自分と一つにすることとある」。本を読むのは、本や言葉に止まらず、実践躬行しなければならない。つまり、「学者読書、須要将聖賢言語、体之於身……件件如此、方有益」ということだ。本に義理を求めるだけでは、身につけることができず、「広求博取、日誦五車」でも、勉強にならない。

着緊用力

「着緊」とは、時間を急ぎ、向上しようと発奮し、悠々とする学習態度に反対することだ。用力とは、常に怠らず、最後までやり通し、だらだらしている学習態度に反対することだ。朱熹は読書を消火、療病、逆水行舟にたとえた。本を読む時は、火を消して病気を治すような緊迫感を持たなければならず、逆水を行く舟の如し、進まずんば則ち退くような頑強な態度と、必死の覚悟で戦いに臨む強い信念を持ち、孔子のように、憤りを発して食を忘れ、楽しみて以て憂いを忘れることこそ、学者としての精神・筋骨だ。

居敬持志

居敬とは、精神を統一させ、注意力を集中させることだ。「敬」とは、心を収束させ、態度を正し、誠意をもって行うことであり、これがすべてのことをやり遂げる基礎であり、読書も例外ではない。これをもとに朱熹は「読書者は自分を本の中に浸らせて、歩いても住んでも、座っても横になっても、心を本の中に置く」と主張した。持志とは、志を立て、目標を立ててそれを実現しようと努めることだ。朱熹は「書不記、熟読可記。義不精、細思可精。惟有志不立、真是無作力処」と指摘した。目標と方向を明確にし、粘り強い気力をもってやってこそ、学業は伸びていく。

朱子の読書法は一つの互いに連絡する有機的な全体であり、六つの項目はすべて読書学習の基本的な規律と内在的な要求を反映しており、歴史に重大な影響を残した。しかし、この読書法は「読書窮理」

の役割を過度に誇張し、道徳修養を読書の唯一の目的とし、儒家の経典を読書の基本範囲とし、書物の知識と実践知識との間の関係を無視し、「両耳不聞窓外事、一心只読聖賢書（窓外の事には両耳を塞ぎ、ただ一心に聖賢の書を読む）」という悪い学風を助長した。その一方で、欠点が長所を覆い隠さなく、朱子の読書法は豊富で人に深く考えさせる見解があり、今日の人は謙虚に学習し、参考に値する。

四　教育方法の例

教育目標を達成するために、教師が教育の過程で施す具体的な方法と手段、つまり教育方法について、以下にその主要な教育方法をそれぞれ紹介する。

問答法

教育活動の中で、教師と学生の間は質問、質疑応答の方式を通じて、知識を伝達し、知能を発展させ、徳性育成の目的を達成し、これは教育論では問答法と呼ばれる。この方法を使う時、先生が聞いてもいいし、学生が答えてもいいだ。また、学生が聞き、先生が答えてもいいだ。

先生が聞き、学生が答える。たとえば『論語』には孔子と弟子の問答がまとめられていたが、その中には孔子が学生に質問して答えた記録が数多くあった。質問を通じて孔子は学生の思想状態、学習レベルを理解し、学生の問題に対する思考と解決を促進した。教育者に質問の仕方とテクニックを身につけるように要求する。

第一に、教師は示唆に富んだ質問ができるように注意しなければならない。質問の目的は、疑問のない学生が疑問を感じ、それを考えることで、生じた疑問を解決することだ。朱熹は「読書無疑者須教有疑、有疑者却教無疑、到這裏方是長進」と考えた（『学規類編』）。

第二に、教師の質問には、やさしいところから難しいところへ、順を追って一歩々進めなければならない。『学記』では「善問者如攻堅木、先其易者、後其節目、及其久也、相説以解。不善問者反此」という。つまり、善く問う者は堅木を攻むるが如く、その易きを先にし、その節目を後にし、その久しきに及ぶや、相よろこびて以て解く。問うに不善なる者はこれに反す。

第三に、教師は質問する時に、質問するために質問するのではなく、質問することを通じて、学生の積極的な学習態度を促進する、ということを注意しなければならず、「広仁益智、莫善於問」（『文中子問易篇』）という。

学生が問い、先生が答える。荀子は学生の問題にどのように解答するかについて「故不問而告、謂之傲。問一而告二、謂之囋。傲非也、囋非也、君子如響矣」と述べた（『荀子勧学』）。つまり、学生は質問をしないで講義をするのは要らない、学生は一つの質問をし、教師は多く講義するのも不必要で、良い教師は適切な回答をするだけである。『学記』にもこのような見方があり、「善待問者如撞鐘、叩之以小者則小鳴、叩之以大者則大鳴、待其従容、然後尽其声」という。それは鐘つきを例にして、先生が学生の質問に対して的確に答えることを説明した。

講解（解説）法

教師が口頭で述べ、解釈、説明、論証などの方法で学生に知識を伝える教授法は、講解法と呼ばれる。講解法は、集団授業にも適用され、個別授業にも適用される。例えば、漢代の経師が学生に講経をする時、官営の太学は一般的に集団教学の方式を採用し、太学の規模が大きいため、講堂に同時に数百人を収容して授業を聞くので、よく集団教学の方式を採用し、教師が数十人ひいては数百人に経文を解説した。より多くの弟子を教えるために、経師たちはさらに「弟子次相授業（上級生が下級生に教える方法）」を行い、教師は高足の弟子に直接講義を行い、その高足の弟子が他の弟子に講義を行う。漢代の著名な経学者、例えば董仲舒、馬融などがこの方法を採用した。

講解法は、言語表現の運用が重要だ。『学記』では、「善教者、使人継其志、其言也、約而達、微而臧、罕譬而喩、可謂継志矣」という。先生が講解法で教育を行う際、重要なことは言語の節度と意味の表現を掌握することだ。言語が簡明で、意味が適切であり、道理がごく少なくても意味が深遠であり、比喩が少なくても意味がはっきりする。このように述べてこそよい教育効果があり、学生がより先生の解説を聞きたがるようになる。

会講・論弁法

会講は中国の古い学術研究の方式であり、学術の同仁たちが集まり、誰の学問が上手か、みんなで彼に学ぶ。会講・論弁法とは、学術討論と学業の伝授を結合する教学方法であり、その特徴は、異なる観点を持つ学者の間、あるいは教師と学生の間に学術あるいは教学の問題について争論・討論を展開し、学術討論と学校の教学活動を結合することだ。これは今日のゼミナール法と類似しているが、その議論は学術的な問題であり、参加者は学内に限らず、だから会講論弁は更に学術性、開放性があった。

戦国時代の稷下学宮では、学者たちがこのような方法を使っていた。この教学法は一種の「期会」の形式を通じて行われ、漢代の経学教育は、家法と師法の区別のため、学校ではよく経学討論会が行われ、各派の経学師の間で互いに詰難し、公開弁論を行い、大同につき小異を残し、統一した官学の経学を創立してもらう。

宋代・明代以降、書院は重要な教育組織となり、書院内部では、会講制度が形成され始めた。異なる観点を持つ学術の大家は書院に集まり、いくつかの観点の異なる問題を討論した。講義が進行する時、学術の大師はよく彼らの多くの弟子を連れていっしょに参加し、書院内外の士子はすべて弁論に参加したり講義を聞くことができる。

明代以降、書院での講義が制度化され、一種の講義組織が形成された。会講制度の出現は、会講論弁の教学方法が制度化された結果であり、それは書院の教学活動の多彩さを促進し、学術の繁栄を促進した。書院の会講制度は官学にも影響を与え、明代の国子監もこの教学方法を採用した。『明史直選制』によると、当時の国子学の「教之法」には、教師による講話、質疑応答のほか、「余日昇堂会饌、乃会講、復講、背書、輪課以為常」とあり、国子学でよく用いられる教授法となった。

この教授法には多くの利点がある、と多くの教育者が指摘した。孔子は、すべての人は自分で学ぶべき長所があり、学生はそれぞれ長所のいる先生に対して、善を選んで従うことができる、と考えた。『学記』はこの教授法を「摩」と呼び、学習の際に互いに切磋琢磨することを意味する。『論衡・明雩』では「漢立博士官、師弟子相訶難、欲極道之深、形是非之理也」という。朱熹も会講・論弁法が、道義を示すのに役立つと考え、彼は「講学以会友、則道益明。取善以輔仁、則徳日進」と述べた（『論語集註・顔渕』）。

原典を読む

詩、可以興[1]、可以観[2]、可以群[3]、可以怨[4]、迩[5]之事父、遠之事君、多識於鳥獣草木之名。（『論語・陽貨』）

興[6]於『詩』、立[7]⑦於礼、成[8]於楽。（『論語・泰伯』）

楽、所以修内也。礼、所以修外也。礼楽交錯於中、発形於外、是故其成也懌[9]、恭敬而温文。（『礼記・文王世子』）

---

1 興……想像力を啓発すること。
2 観……観察力を高めること。
3 群……グループ性を育成すること。
4 怨……正当な恨みを学ぶこと。
5 迩……「邇」と読み、近い。
6 興……スタートする。
7 立……自立する。
8 成……完成する。
9 懌……「意」と読み、喜ぶ。

子貢問、師[1]⑩与商也孰賢。子曰、師也過、商也不及。曰、然則師愈[2]与。子曰、過猶不及。（『論語・先進』）

不曰、如之何[3]、如之何、者、吾未如之何也已矣。（『論語・衛霊公』）

以能問於不能、以多問於寡。有若無、実若虚、犯而不校[4]。昔者吾友[5]嘗従事於斯矣。（『論語・泰伯』）

学而不思則罔[6]、思而不学則殆[7]。（『論語・為政』）

君子欲訥[8]於言而敏於行。（『論語・里仁』）

1　師……子張であり、商は子夏である。
2　愈……もっと強いである。
3　如之……どうすればいいか。何かあっても多くのことを考えたくないということである。
4　自分を犯しても気にしない。校とは、（みずからにかかわる利害得失などを）計算する、念頭に置く。
5　孔子の弟子が言った言葉で、「吾友」は顔回を指すことが多いと考えられている。
6　罔……「往」と読み、迷う。
7　殆……「代」と読み、危険する。
8　訥……鈍い。ここでは我慢して話さないこと、慎重に話す。

宰予昼寝。子曰、朽木不可雕也、糞土之墻不可圬[1]也。於予与何誅[2]。子曰、始吾於人也、聴其言而信其行。今吾於人也、聴其言而観其行。於予与改是。（『論語・公冶長』）

誦『詩』三百、授[3]之以政、不達。使[4]於四方、不能専対[5]。雖多、亦奚以為。（『論語・子路』）

不以文害[6]辞、不以辞害志[7]。以意逆[8]志、是為得之。（『孟子・万章上』）

公孫丑問、敢問夫子悪乎長[9]。曰、我知言、我善養吾浩然[10]之気。公孫丑問、敢問何謂浩然之気。曰、

1 圬……「汚」と読む、塗るという意味である。
2 誅……非難する。この人を宰領することに対して、私は責めなくてもいいですか。
3 授……交付する、渡す。
4 使……使役する。
5 専対……外交の場で具体的な状況に応じて独立して対応できることをいう。
6 害……損害する。
7 志……原作の主旨。
8 逆……憶測をさかのぼる。精神的に主旨を推し量ると、本当の理解であるという意味。
9 悪乎長……何か特技があるか。
10 浩然……盛大で流動的な様子。

難言也。其為気也、至大至剛、以直養而無害、則塞於天地之間。其為気也、配義与道。無是、餒也。是集義所生者、非義襲[1]而取之也。行有不慊[2]於心、則餒矣。(『孟子・公孫丑上』)

故天将降大任於斯人也、必先苦其心志、労其筋骨、餓其体膚、空乏其身、行弗乱其所為、所以動心忍性、曽[3]益其所不能。(『孟子・告子下』)

人之患[4]在好為人師。(『孟子・離婁上』)

愛人不親、反[5]其仁。治人不治、反其智。礼人不答、反其敬。行有不得者皆反求諸己、其身正而天下帰[6]之。(『孟子・離婁上』)

1 義襲……偶然の正義の挙。
2 慊……「怯」と読み、満足する、気持ちがすっきりする。
3 曾……「増」と読み、成長する。
5 患……病。
5 反……聞き返す。
6 帰……帰服する。

君子深造之以道、欲其自得之也。自得之、則居之安。[1]居之安、則資之深。資[2]之深、則取之左右逢其源、故君子欲其自得之也。(『孟子・離婁下』)

博学而詳説之、将以反説約也。[3](『孟子・離婁下』)

不聞不若聞之、聞之不若見之、見之不若知之、知之不若行之、学至於行之而止矣。[4](『荀子・儒効』)

故木受縄[5]則直、金[6]就砺[7]則利、君子博学而日参省乎己、則知明而行無過矣。(『荀子・勧学』)

吾嘗終日而思矣、不如須臾[8]之所学也。吾嘗跂[9]而望矣、不如登高之博見也。登高而招、臂非加長也、

1　居之安……学んだ道理は心の中でしっかりしていて疑いもしない。
2　資……積み立てる。
3　博学に基づいて精華を抽出できるという意味である。
4　止……終点、最高段階。
5　受縄……墨線で測ったことがある。
6　金……金属製の刀剣。
7　就砺……砥石で磨く。砺＝研磨の砥石。就＝近づく。
8　須臾……しばらく。
9　跂……「斉」と読み、かかとを上げる。

而見者遠。順風而呼、声非加疾[1]也、而聞者彰。仮[2]輿馬者、非利足也、而致千里。仮舟楫者、非能水也、而絶江河。君子生非異也、善仮於物也。(『荀子・勧学』)

蓬[3]生麻中、不扶而直。白沙在涅、与之倶黒。蘭槐之根是為芷、其漸之滫[4]、君子不近、庶人不服。其質非不美也、所漸者然也。故君子居必択郷、遊必就士、所以防邪辟而近中正[5]也。(『荀子・勧学』)

積土成山、風雨興焉。積水成渕、蛟竜生焉。積善成徳、而神明自得、聖心備焉。故不積跬[6]歩、無以至千里。不積小流、無以成江海。騏驥[7]一躍、不能十歩。駑馬十駕[8]、功在不舍。鍥而舎之、朽木不折。鍥而不舍、金石可鏤。(『荀子・勧学』)

1　疾風……速い、ここで声が宏亮で、音が広大なことを指す。
2　仮……借用する、利用する。
3　蓬……蓬草。良い環境で暮らし、健康的に成長することのたとえ。
4　滫……「朽」と読み、生ごみの水を飲む。
5　中正……中庸正直。
6　跬……古代の半歩。足を「ひとみ」にまたがり、両足を「歩」にする。
7　駿馬、千里の馬。
8　悪馬が車を引いて十日間歩く。駕とは、馬車を駆る。一日の道のりを一駆と言う。

学悪乎始。悪乎終。[1]曰、其数則始乎誦経、終乎読礼。其義則始乎為士、終乎為聖人、真積力久則入、[2]学至乎没而後止也。故学数有終、若其義則不可須臾舍也。（『荀子・勧学』）

君子之学也、入乎耳、著乎心、布乎四体、形乎動静。[3]端而言、蝡而動、一可以為法則。小人之学也、入乎耳、出乎口。口耳之間、則四寸耳、曷足以美七尺之軀哉。古之学者為己、今之学者為人。[4]君子之学也、以美其身。小人之学也、以為禽犢。[5]（『荀子・勧学』）

故不問而告謂之傲、[6]問一而告二謂之囋。[7]傲、非也、囋、非也。君子如向矣。[8]（『荀子・勧学』）

1　どこから着手し、何で終わるか。
2　誠実に力を尽くし、長期にわたって積み重ねていくことで、その楽しみを深く味わうことができる。
3　耳にして、心に留めて、威儀のいい振る舞いと礼儀にかなった行動に現れている。
4　古人の学習は自己の道徳教養の需要であり、今の人の学習はただ人にひけらかすためである。
5　学問は家禽、子牛などの贈り物として評価される。
6　傲……気まぐれ。
7　囋……「賛」と読み、うるさい。
8　君子の問いは空谷のこだまのように多くなく、ちょうどよい。

学之経莫速乎好其人[1]、隆礼[2]次之。上不能好其人、下不能隆礼、安特将学雑識志、順詩書而已耳。則末世窮年、不免為陋儒而已。将原先王、本仁義、則礼正其経緯蹊径也。（『荀子・勧学』）

故隆礼、雖未明、法士[3]也。不隆礼、雖察弁、散儒[4]也。（『荀子・勧学』）

学也者、固学一之也。一出焉、一入焉、塗巷之人也[5]。其善者少、不善者多、桀紂盗跖也。全之尽之、然後学者也[6]。（『荀子・勧学』）

君子知夫不全不粋之不足以為美也、故誦数以貫之、思索以通之、為其人以処之、除其害者以持養之。使目非是無欲見也[7]、使口非是無欲言也、使心非是無欲慮也。及至其致好之也[8]、目好之五色、耳好之五

1　良師を崇敬することは最も便利な学習方法である。
2　礼儀を尊ぶ。
3　有徳有養の士。
4　心身にルーズで、真の教養がない浅はかな儒生。
5　しばらく勉強しては止まる。それは市井における普通の人である。
6　学んだ知識を徹底的に把握してこそ、学者と言える。
7　目が正しくないと見たくない。
8　勉強に完全に熱中するという理想的な境地に至る。

声、口好之五味、心利之有天下。（『荀子・勧学』）

古之教者、家有塾、党有庠[1]、術有序[2]、国有学。比年入学[3]、中年考校。一年視離経弁志。三年視敬業楽群。五年視博習親師。七年視論学取友、謂之小成。九年知類通達、強立而不反[4]、謂之大成。（『礼記・学記』）

大学始教、皮弁祭菜[5]、示敬道也。『宵雅』肄三[6]、官其始也。入学鼓篋[7]、孫其業也。夏楚二物、収其威也。未蔔禘不視学[8]、遊其志也。時観而弗語、存其心也。幼者聴而弗問、学不躐等[9]也。此七者、教之大倫也。（『礼記・学記』）

1 五百家を党とする。学校は「庠」と読み、党の中にある学校である。
2 術……「碎」と読み、＝「遂」。一万二千五百家を遂とする。序は、術に設置された学校である。
3 一年ぶり。
4 強い信念を持っていて、先生の教えに背かない。
5 礼服を着て、藻などで先導者を祭る。弁は「変」と読み、礼服。
6 『詩経・小雅』の三詩（鹿鳴、四牡、皇者華）を学ぶ。肄は益と読み、学習する。
7 授業する時、まず鼓を打って学生を招集し、その後本箱を開けて学習用品を取り出し、学生に謹んで学業に対応させる。篋は「怯」と読み、書箱。孫＝「遜」。
8 大祭の前に天子諸侯が学校を視察しないので、学生は自分の志に沿って十分勉強することができる。禘を読み、禘は「帝」と読み、大祭。
9 躐等……進度を超え、等級を越える。躐は「列」と読み、越える。

大学之教也、時教必有正業、退息必有居学。[1] 不学操縵、不能安弦。不学博依、不能安詩。不学雑服、不能安礼。不興其芸、不能楽学。故君子之於学也、蔵焉修焉、息焉遊焉。[2] 夫然、故安其学而親其師、楽其友而信其道、是以雖離師輔而不反也。（『礼記・学記』）

今之教者、呻其占畢、[3] 多其訊言、及於数進而不顧其安、[4] 使人不由其誠、教人不尽其材。其施之也悖、其求之也仏。夫然、故隠其学而疾其師、[5] 苦其難而不知其益也。雖終其業、其去之必速、教之不刑、其此之由乎。（『礼記・学記』）

発然後禁、則扞格[6]而不勝。時過然後学、則勤苦而難成。雑施而不孫、則壊乱而不修。独学而無友、則孤陋而寡聞。燕朋逆其師。燕辟廃其学。[7] 此六者、教之所由廃也。（『礼記・学記』）

1 居学……課外作業。
2 授業内の学習は正課をマスターし、家で休んでいろんな雑技をマスターする。
3 本に従って説明する。占畢＝竹簡。
4 教育はひたすら進度に追われ、学生の受け入れを顧みない。
5 勉強が嫌いで、教師が嫌いである。
6 扞は「漢」と読み、抵抗する。
7 不正な友達と付き合うと、先生の教えに影響を受けて背く。邪辟の言行があったら、学業をおろそかにしかねない。

故君子之教、喩也[1]。道而弗牽、強而弗抑[2]、開而弗達。道而弗牽則和、強而弗抑則易、開而弗達則思。和易以思[3]、可謂善喩矣。（『礼記・学記』）

学者有四失[4]、教者必知之。人之学也、或失則多、或失則寡[5]、或失則易、或失則止。此四者、心之莫同也。知其心然後能救其失也。教也者、長善而救其失者也。（『礼記・学記』）

善歌者、使人継其声。善教者、使人継其志。其言也、約而達[6]、微而臧、罕譬而喩、可謂継志矣。（『礼記・学記』）

善学者、師逸而功倍、又従而庸之[7]。不善学者、師勤而功半、又従而怨之。善問者如攻堅木、先其易

1　喩……啓発誘導。
2　誘導して引いてはいけない、励ましては抑えない、啓発しては代わりを引き受けない。道＝「導」、誘導する。
3　教師と学生の関係は打ち解け、学習は楽で、学生はよく考えている。
4　失……過失。
5　一部の人の問題は貪欲が多いことにあり、一部の人の問題は知識の面が狭いことにある。
6　簡潔で意味が明確で、簡潔で完璧で、例は多くないが、問題を説明できる。
7　勉強の成果を教師のおかげにし、教師に感謝する。

者、後其節目[1]、及其久也、相説以解[2]。不善問者反此。善待問者如撞鐘、叩之以小者則小鳴、叩之以大者則大鳴、待其従容、然後尽其声。不善答問者反此。此皆進学之道也。（『礼記・学記』）

学者読書、須是斂身正坐、緩視微吟、虚心[3]涵泳[4]。（『朱子語類』巻一）

某昨見一個人、学得些子道理、便都不肯向人説、其初只是吝[5]、積蓄得這個物事在肚裏、無奈何只見我做大、便要淩人、只是此驕[6]。（『朱子語類』巻三十五）

驕吝是挟其所有、以誇其所無。挟其所有是吝、誇其所無是驕。（『朱子語類』巻一）

1　節目……木の枝の継ぎ目、文の筋に合わない所。
2　脱落・分解する。説＝脱。
3　読書は虚心坦懐、静かに考え、よく体得し、先入観を主とせず、牽強付会しないこと。
4　本を読む時はよく噛んで、よく味わうこと。
5　吝……独りよがりで、知識を独占して人に示したくない。
6　驕……自慢自足、無学であっても、気どって居丈高。

成人の道　道徳教育の原則と方法

先に述べたように、中国伝統教育の根本的な目的は政界に入る君子を育成することであり、君子になる第一の条件は高尚な道徳修養を持ち合わせていることだ。したがって、道徳教育は中国伝統教育システムの中で最も重要な地位にあり、豊富な道徳教育思想と実践は、具体的で有効な道徳教育の原則と方法を含み、中国伝統教育文化の豊富な遺産となっている。

誠意をもって立志する

儒家は、自分で道徳を磨き素養を高めたいのなら、まずは誠意をもって志を立てなければならないと考えている。誠なれば則ち明らかなり、志を立てば必ず実行に向かう。事をする前に心を落ち着かせ、目標を正しくしてこそ、決まった道を歩いていくことができ、これが修養の前提条件になる。誠意とは、正直に熱心に事にあたる心であり、『大学』では「意誠後心正、心正而後身修（意誠にしてのち心正し、心正しくしてのち身修まる）」といい、意誠は自身の修養、品質の向上に極めて大きな役割を果たしている。荀子は先秦百家の集大成として、「誠」を一種の「天徳」とみなし、君子の「養心行義（心を養い、義を行い）」、「聖人化民治国（聖人は民を化して国を治める）」の根本とみなした。荀子は「天行有常、不為尭存、不為桀亡（天行常有り、尭の為に存せず、桀の為に亡びず）」（『荀子・天論』）という思想を提唱したことが知られているが、なぜ「天行常有り」なのか、私たちは知らない。『荀子・』篇では、「天不言而人推高焉、地不言而人推厚焉、四時不言而百姓期焉。夫此有常、以至其誠者也（天は言わざるも人は其の高きを推し、地は言わざるも人は其の厚きを推し、四時は言わざるも百姓は期す。夫れ此れ常あるは、その誠を至す者なるを以てなり）」と解釈した。もともと「天行有常」はこれらのことを通じて現れた。天は話をしないで、人々はそれがとても高いと思っている。大地は語らないで、人々はそれがとても深いと思う。春夏秋冬の四時は語らず、庶民は節気の変化を感じる。これらの「不言（物を言わない）」の事柄には、それ自身の規律、すなわち「常あり」が含まれている。このように、荀子は、天行が「常有り」のは、「その誠を至す者なる」からだと考えている。つまり大自然が規則的に運行しているのは、誠実さに達しているからだ。誠実は天地を万物に化生させるだけでなく、聖人を万民に教化させる。ここで、誠実を通じて「天地」と「聖人」、つまり「天人合一」の関係を現す。「誠」は誠実無妄であり、一種の極めて高い道徳規範であり、天地は誠があり、天地が誠実無妄に達しても、「天行有常」を体現し、したがって聖人、君子は「天行常有り」のこのような誠実無妄の行為の中から「天徳」を体得し、心を鍛え、道徳水準を高めるべきだ。

立志とは、人生の奮闘目標を確定し、自分に明確な努力方向を持たせる。立志に関しては、歴史に多くの名言や人口に膾炙するエピソードが残されている。『論語・子罕』では「三軍可奪帥也、匹夫不可奪志也（三軍も帥を奪うべきなり。匹夫も志しを奪うべからざるなり）」といい、一人で立志することの大切さを示した。「志を立てる」だけでなく「志を道に」、そして自分の遠大な理想のために献身する「楽道」の境地に到達しなければならない。孟子は、「大きな志」と「小さな目標」の弁証法的な関係から、「従其大体為大人、従其小体為小人。……先立乎其大者、則其小者不能奪也。此為大人而已矣」（『孟子・告子上』）と言った。また、「志」と「気」を結びつけ、「志を持つ」「気を養う」を掲げ、志を立てることをもとに、大丈夫の「浩然の気」を養い、「夫志、気之帥也。気、体之充也。夫志至焉、気次焉。故曰、持其志、無暴其気（夫れ志は氣の帥なり。氣は體の充てるなり。夫れ志至り、氣は次ぐ。故に曰く、其の志を持し、其の氣を暴すること無かれ）」「我善養吾浩然之気（我れ善く吾が浩然の気を養う）」（『孟子・公孫丑上』）という。

儒家の学者もみな立志の重要な役割を認めている。揚雄は遠大な志がなく、途中で挫折しやすいと考え、「百川学海而至於海、丘陵学山而不至於山、是故悪夫画也」（『法言・学行篇』）という。徐幹は大志がなければ、才能があっても成功できないと考え、「雖有其才、而無其志、亦不能興起功也」（『中論・治学篇』）という。張載は、志は天資や勉学よりずっと重要だと考え、「学者不論天資美悪、亦不専在勤苦、但観其趨向著心処如何」（『横渠語録』）という。陸九淵は、大志を立てないと周囲に流されやすく、義・利は区別できず、方向を見失う、人の大志は星のように遠くにあるべきだと考え、「仰首攀南斗、翻身依北辰、挙頭天外望、無我這般人」（『象山全集・語録』）という。王陽明も個人の教養を志す役

割に気づき、「志不立、天下無可成之事、雖百工技芸、未有不本於志者。……志不立、如無舵之舟、無銜之馬、漂蕩奔逸、終亦何所底乎」（『王陽明全集』巻二十六）という。

宋代の理学は更にまともな人間になる過程において誠意で志を立てることを重視し、「程門立雪」はこのようなストーリだ。

楊時、遊酢の二人は、程顥を師としていたが、程顥が亡くなって四十歳になり、進士に合格したにもかかわらず、やはり自分の学問が足りないと考え、程顥の弟程頤に勉学を続けた。彼らは嵩陽書院に初めて程頤に謁見した日、程頤は目を閉じて気を休め、じっと座って眠っていたと伝えられている。その時、雪が降った。二人は師に切望してもらいたいという気持ちが抑えられない、恭しく侍立の脇を拝み、言葉を待たずに、半日ほど待った。程頤はようやく目を開けた。楊時、遊酢が目の前に立っているのを見て「お二人はまだここにいますか」と驚いた。この時、外の雪は一尺余りの厚さになっていたが、楊時と遊酢は少しも疲労していなかった。

程門立雪

「程門立雪」の物語は後世の読書人の間に広く伝わり、彼らは勉学に対する誠実さと強い意志を持つように励むようになった。

では、「大志」はどのような基準を満たしているのでしょうか。「志を立てる」ということは、「恥を知り、栄を求める」という目的を達成しなければならない。人は恥を知ることが貴い。秦の儒家は従来から恥辱を重んじる。「行己有恥（己を行うて恥あり）」（『論語・子路』）、「恥之於人大矣（恥の人におけるや大なり）」「人不可以無恥（人間は恥を知らなければいけない）」（『孟子・尽心上』）という。孔子は、徳治がなぜ効果的なのかというと、それは民に恥を知らせることができ、それによって自覚的に行わないことがあると考えた。恥の教育も重視した孟子は、羞恥心は自ら鞭をふるうものと考え、後進に甘んじず、奮発する精神を刺激し、自強・進歩の原動力とした。『孟子・尽心上』には「不恥不若人、何若人有（人に若かざることを羞ぢずんば、何ぞ人に若くことか有らん）」とある。羞恥心は、きわめて重要で、欠くことのできない道徳的な堤防である。ひとたびこの堤防が決壊すれば、さまざまな悪が横行するだろう。『孟子・公孫丑上』では「無羞悪之心、非人也（羞恥の心なきは、人にあらざるなり）」という。羞恥心の有無は人と獣の根本的な違いだ。社会全体としては、社会構成員の羞恥心が薄ければ、社会的な雰囲気は想像すらできない。だから、個人に対しては、知恥（恥を知り）を「人の守るべき大きな節操」「人生の一番大切なこと」と考えるべきだ。

「恥を知り」とは対照的に、栄を求めることも「立志」の一種の追求だ。古代中国の封建社会では、世俗の封建統治者の多くは「爵高位尊」「封妻蔭子」を誇り、等級、権勢、家柄を誇り、「尊」を誇りとしていた。しかし儒家の士はこのような「栄」は有限であり、「道義」に符合する社会の言行こそ無限の「栄」だと考えた。この儒家の提唱する栄辱観は、一方では爵ある者を勧奨して尊かつ栄の方向に努力する一方で、もう一方では爵なき低層の民衆を勧奨し、道義の追求を通じて栄光を求め、最終的には人々が道義の高尚な情懐を追求し、「先義而後利者栄、先利而後義者辱（義を先にして利を後にする者には栄えあり、利を先にして義を後にする者には辱あり）」（『荀子・栄辱』）という。「恥を知るは勇に近し」ような話は枚挙にいとまがないである。秦の穆公が晋に三敗し、負けないことを誓い、英気を養い、憤りを燃やし、ついに晋軍を殺し、諸侯を震撼させた。呉の夫差に敗れた越王勾践が胆を嘗めて、その苦みに復讐を誓い、呉を討ってこれを滅ぼした。宋代の岳飛は「靖康の恥」を忘れず、軍を率いて疆場に転戦し、しばしば戦功を立て、名声を高めた。清代の蒲松齢はかつて何度も落第し、あらゆる嘲笑を受け、志を変えず、ついに『聊斎』を著した。恥辱を知っ

臥薪嘗胆

て誤りを正しいと改めるのも勇敢だ。

実際に、儒家の「栄辱」に対する知見は、目の前の利益と遠大な理想の関係、物質的な享受と人生信念の関係をどのように処理するかということに終始していた。孔子は常に学生に目先の利益は遠大な理想に合致するように教え、「無欲速、無見小利。欲速則不達、見小利則大事不成（事を急いではいけない。小さな利益にとらわれてはいけない。急げば事は失敗に終わり、小さな利益にとらわれると大事を成せない）」（『論語・子路』）という。遠大な理想を持っている人は、当面の物質的な楽しみに執着してはならない。君子は道を謀りて、食を謀らず。君子は道を憂えて貧しきを憂えず。物質的享楽を追求するために政治の前途を台無しにしてはならない。『論語・述而』では「飯疏食飲水、曲肱而枕之、楽亦在其中矣。不義而富且貴、於我如浮雲（疏食を飯い水を飲み、肱を曲げてこれを枕とす。楽しみ亦た其の中にあり。不義にして富み且つ貴きは、我に於て浮雲の如し）」という。孔子は「一簞食、一瓢飲、在陋巷、人不堪其憂、回也不改其楽（一箪の食、一瓢の飲、陋巷に在り。人は其の憂へに堪へず。回や其の楽しみを改めず）」と顔回を賞賛した（『論語・雍也』）。孟子も、魚と熊掌は両立できず、仁義と生死の間に決断を下し、生を捨てて義を取るべきだと主張した。「富貴不能淫、貧賤不能移、威武不能屈（富貴も淫する能はず、貧賤も移す能はず、威武も屈する能はず）」という大丈夫の精神がその本当の追求だ。荀子は「君子不為貧窮而怠乎道（士君子は貧窮のためとて道に怠らざるなり）」と述べた（『荀子・修身』）。墨子は「飲食を貪るため、仕事を怠る」に反対し、「天下の利を興し、天下の害を取り除く」ことを提唱し、粗衣糲食は、儒家の追求する君子の姿だ。

「学ぶ」と「考える」は双方重んじなければならない

儒家の道徳修養思想の中で、「学ぶ」と「考える」を非常に重視した。道徳知識を学ぶことによって、自分の道徳修養を高めることができて、思考と反省の過程において絶えず深化し、それによって高尚な道徳の境地に達すると考えている。「学ぶ」は「考える」の前提であり、「考える」は「学ぶ」の深化であり、「学ぶ」と「考える」を双方重視してこそ、良好な修養効果が得られる。

孔子は、彼の周囲には、「上智」と呼ばれるものが存在しないと考えていた。本人も「上智」とは限らない。勉強しなければ立派な人間としてふるまうルールを知らず、善悪・是非を知らない。君子というのは「上品で礼儀正しい」人であるべきで、生まれつきの気質がどんなによくても、後天的な学習がなく、道徳的にも高い境地に達しない。彼は「吾嘗終日不食、終夜不寝以思、無益、不如学也（吾嘗て終日食らはず、終夜寝ねず、以て思ふ。益無し。学ぶに如かざるなり）」（『論語・衛霊公』）と自分の人生の経験を述べた。「学ぶ」の重要性について、孔子は「好仁不好学、其蔽也愚。好知不好学、其蔽也蕩。好信不好学、其蔽也賊。好直不好学、其蔽也絞。好勇不好学、其蔽也乱。好剛不好学、其蔽也狂（仁を好んでも学問を好まないと、愚か者になる。知を好んでも学問を好まないと、どうしたら良いか解らなくなる。強さを好んでも学問を好まないと、狂乱に陥ってしまう）」（『論語・陽貨』）と述べた。では、「学ぶ」とは、何を主に学んでいるのでしょうか。孔子の言う「学ぶ」の主要な内容は、礼、楽、射、御、書、数を含むべきで、その中で礼が最も重要だ。孔子は息子の伯魚に、「不学礼、無以立（礼を学ばざれば、以て立つこと無し）」（『論語・尭曰』）と教えた。孔子の時代には、礼は社会制度と規範の総称であり、倫理と道徳の規範はその中で最も主要な方面の一つだ。倫理と道徳の標準に対する学習は、修身の一般的な規則に符合することを強調し、道徳の標準を認識と理解することは道徳行為の第一の前提だ。孔子自身は学習を重視し、学習は謙虚で実務的でなければならない、問題に対して勝手に推測してはいけない、独断専横してはいけない、独りよがりにならない、すなわち「毋意、毋必、毋固、毋我（意なく、必なく、固なく、我なし）」（『論語・子罕』）ということだ。自分に対してはありのままで、知ったかぶりをしてはいけない。『論語・為政』では「知之為知之、不知為不知（之を知るをば之を知ると為し、知らざるを知らずと為す）」といい、「亡而為有、虚而為盈（亡くして有と為し、虚しくして盈と為し）」（『論語・述而』）ではない。弟子の子貢によると、孔子には固定の先生がなく、およそ一芸に秀でた人は、長・幼にかかわらず、彼の先生になれるということであり、「三人行必有我師焉。択其善者而従之、其不善者而改之（三人行へば、必ず我が師有り。其の善なる者を択びて之に従ひ、其の不善なる者は之を改む）」（『論語・述而』）という。このようにすれば、他人の長所を取り、自分の短所を補うことができる。個人の見聞きには限度があるので、大勢の人の長所を取り、大いに自分の知識を豊かにすることができる。『論語・述而』では「多聞、択其善者而従之、多見而識之（多く聞き、その善き者を択びてこれに従い、多く見てこれを識す）」という。つまり、書物や他人から間接的な経験を学ぶ際には、盲従や迷信はできるだけ少なく、鑑別や取捨・選択をしなければならないということだ。他人の話を聞き、他人の行為を見て、その善悪を「礼」で考察し、取捨・選択しなければならない。また、孔子は学問を重んじ、彼の「善問（よく聞き）」の物語も、後世に良好な学風を樹立した。ある時、孔子は魯国君主の祖廟に行って、祭祀の儀式に参加した。彼は度々人に尋ねて、ほとんどすべてのことを尋ねた。ある人は背後で彼を嘲笑し、何でも聞き、礼儀を知らないと言った。孔子はこの議論を聞いて「分からないことについて、はっきりと聞いてみるのは、まさに私が礼儀を求めた表現だ」と言った。

荀子も同様に「彊学而求」の思想を持っていた。まず、荀子は、個人の道徳と人格の鋳就と形成が自身道徳の学習と切り離せないものであり、特に修養は自己教育の特殊な授業として、修養における学習の役割は更に重要だと考えていた。『荀子・性悪』では、「今人之性固無礼義、故彊学而求有之也。性不知礼義、故思慮而求知之也」という。また、『荀子・勧学』では、「吾嘗終日而思矣、不如須臾之所学也。吾嘗跂而望矣、不如登高之博見也。登高而招、臂非加長也、而見者遠。順風而呼、声非加疾也、而聞声彰。仮輿馬者、非利足也、而致千里。仮舟揖者、非能水也、而絶江河。君子生非異也、善仮於物也」という。君子は生まれつきではない。君子が君子になるのは、勉強がうまいからだ。そのためには、視野を広げ、知恵を高めるために、絶えず学ばなければならない。『荀子・勧学』では「学不可以已。青、取之於藍、而青於藍（学は以て已むべからず。青は、之を藍に取りて藍に青し）」という。勉強を続けていれば、必ず自分を進歩させていく。勉強のプロセスは道徳修養のプロセスであり、徳性の涵養と磨きのプロセスだ。『荀子・勧学』では「木受縄則直、金就砺則利、君子博学而日参省乎己、則知明而行無過矣（木は縄によって真っ直ぐにすることもできる。刃物のような金属は砥ぐことによって鋭利になる。人も博く学び自分を反省することで矯正され、明晰な知恵と間違いのない行動ができるようになる)」という。「学ぶ」は縄と砺に似ており、縄は木をまっすぐにし、砺は金を利にし、「学ぶ」は人を君子に変えることができる。君子は学習の中に常にその学をもって己を省み、己を磨き、己の知識を日々に向上し、過ちを犯さないようにする。従って、「彊学而求」は一般的な学習ではなく、修身だ。

南北朝時代の著名な学者である顔之推も、著書『顔氏家訓』で子孫に学問を学ぶことを勧め、読書と学習は主に個人の勤勉によるものだと考えた。顔之推は、後生の勤勉な読書を励むため、古人の勉学に勤しむ事例を挙げた。例えば「引錐刺股」の蘇秦、「投斧掛樹」の文党、「映雪読書」の孫康、犬を抱いて横になる朱詹など。また、読書と学習には謙虚な姿勢が必要だと指摘した。当時、いわゆる玄学の「清談」が盛んに行われ、その影響で多くの士人は無知を恥と認め、巧弁で人に勝つことを誇りにしていた。このような劣悪な学風に、顔之推は強く反発していた。『顔氏家訓』では、「夫学者、所以求

益耳、見人読数十巻書、便自高自大、淩乎長者、軽慢同列、人疾之如仇敵、悪之如鴟鳥、如此以学自損、不如無学也」といい、顔之推は、勉強しているうちに生意気になったり、唯我独尊になったりするのに反対し、このような人は自分を損なうしかないと思った。彼は、読書と勉強は時間を大切にすべきで、少年時代はチャンスを逃さず、こつこつと勉強し、大人になってからも勉強しなければならない、と指摘した。彼は「然人有坎、失於盛年、猶当晩学、不可自棄」と述べ、一人が少年時代に、ある逆境によって学習の機会を失ったら、大人になってからもしっかり勉強しなければならず、自暴自棄にならないという意味である。彼はどの年齢層の人でも学習をしっかりやると、必ず一定の利益をもたらすと考え、「幼而学者、如日出之光。老而学者、如秉燭夜行」（『顔氏家訓』）という。

しかし、「学ぶ」だけでは不十分だ。古人は、「考える」ことは人体の器官の中心の機能だと考えた。『孟子・告子上』では「心之官則思（心の官は則ち思う）」という。人は耳目など器官で見聞を広めるが、もし乱雑な混乱を免れるには、「心官」の参与が必要だ。『論語・学而』では「学而不思則罔、思而不学則殆（学びて思わざれば則ち罔し、思いて学ばざれば則ち殆し）」という。罔、即ち得るところがない。殆とは、危険だ。ただ勉強して考えないで、目は五色を見て、耳は八音を聞いて、五光十色は人を目まぐるしくさせ、方向を見失う。事情がそうであるとわかっているがなぜそうなのかはわかっていない。逆に、ひたすら悩んで勉強しないと、現実から離れて空想に陥る危険性がある。考えることは「学ぶ」を基礎としなければならない。「学ぶ」と「考える」の関係において、孔子は、二者がどちらをおろそかにしてもいけない、でなければ有害であるが無益だ、と考えた。「学ぶ」は、古典を学び、人の経験を学び、体験をし、いずれも感性の活動であり、理性の高さに達し、頭の中で考えなければならない。「考える」は思考、反省することだ。『論語・季氏』では「君子有九思。視思明、聴思聡、色思温、貌思恭、言思忠、事思敬、疑思問、忿思難、見得思義（君子に九思あり。見るは明を思い、聴くは聡を思い、色は温を思い、貌は恭を思い、言は忠を思い、事は敬を思い、疑わしきは問うを思い、忿りには難を思い、得るを見ては義を思う）」という。孔子自身は「学ぶ」と「考える」を一つに結合した模範だ。

史料によると、孔子は師襄に琴を習い、まず一曲を学び、十数日間練習を繰り返した。襄は彼に「この曲はもうマスターした。もう新しいのを学びましょう」と言うと、孔子は「まだだめだ。私はこの曲を弾くことを覚えただけで、まだ技法を把握していない」と答えた。そこでまた何日か熱心に練習した。師襄は彼に「曲の技法を君は既に相当に会得している。別の曲を学ぶことができる」と言った。孔子は「私はまだ曲のおもしろさや響きを理解していないので、もう少し練習させてください」と答えた。それからしばらくして、師襄は彼に「あなたは自分の興味と神韻を会得し、新しい曲を学ぶことができるようになった」と言った。孔子はまたまじめに「私はまだ作曲者がどのような人であることを悟っていない」といい、それでまた弾き続けた。師襄はそばで真剣に聞いて「あなたの琴の音を聞いていると、誰かが真剣に考え、遠方を楽しく見上げたような気がする」と言った。孔子はそれを聞いて興奮して「私はすでに作者の人柄を体得し、黒い顔、背の高い体つき、両眼は遠方を仰ぎ見て、一心に徳を以て人に服し、四方を感化することを考える。周文王のほかに、誰がこんなにすばらしい曲を作ることができるか」と言った。師襄はそれを聞いて驚いたり、感心したりして、孔子にお辞儀をし、「全くそのとおりだ。私の先生がこの曲を教えてくれた時に、この曲は『文王操』と言った。音楽に対する君の理解はとても正しいだ」と喜んで言った。琴曲の奥深さを正確に理解、把握するために、孔子は絶えず追求し、「学ぶ」と「考える」を一つに結合した模範となった。

慎言力行

慎言とは言葉を慎み、不用意にものを言わないという意味だ。中国最古の典籍である『詩経』『左伝』には、慎言についての記述がある。『詩経・大雅・抑』では「白圭之玷、尚可磨也。斯言之玷、不可為也」という。白圭の欠けたものは磨けばよいが、一度口に出した言葉は取り返しがつかないから、言葉が慎重で軽々しく言葉を吐かない、という教えだ。また、『左伝・昭公八年』では「君子之言、信而有征、故怨遠於其身」という。話をするには根拠が必要だと強調し、思ったままを自由に話すのは恨みと災いを招く原因だと考えていた。孔子は周礼を尊び、周王朝に文化財礼儀制度を視察したことがあった。『説苑・敬慎』によると、孔子は周王朝の祖廟（祖先を祭祀する場所）太廟を見学した時、階段の右側に銅人が立っていたが、口には三つの封印が張られていた。銅人の裏面には、「古之慎言人也」と一行が刻まれている。これは古代の言葉使いが極めて慎重だった人という意味だ。これは孔子に心理的なショックと啓発を与え、だから孔子は弟子に教えるときに「君子訥於言而敏於行（君子は言にとつにして、行いに敏ならんことを欲す）」（『論語・里仁』）を強調し、「訥於言而敏於行」を仁人（仁愛の深い人）の重要な印とし、言葉が大げさであること、さらにへつらい機嫌をって人を喜ばせることに反対した。これはまさにことわざ「三緘其口」（口に三重の封印をする）の典故だ。

人間の道徳修養の過程で、「学ぶ」と「考える」だけでは足りなく、しかも「行う」が必要だ。「言う」と「行う」は一致しなければならない。『論語・憲問』では「君子恥其言而過其行（君子は其の言を恥じて、其の行いを過ごす）」という。言うだけで実行しないのは恥ずべきことで、礼節・条文と古代聖賢の言論を勉強し、必ず行動に移さなければならず、つまり道徳規範と道徳観念に対して自ら実践に行くべきで、儒家はこれを「道徳践履（道徳行為の実践と履行）」と称した。「力行」とは、まず「躬行」「篤行」を指し、自らの道徳的実践を強調する。孔子は常に「行う」で自分と学生を励まし、道徳のある人は、勉強してから考え、考えてから行い、「学ぶ」「考える」「行う」を兼ね備え、三つの部分が密接で不可分である。孔子の一生は「学ぶ」と「考える」を重視したが、さらに「行う」を強調した。『論語・学而』では「行有余力、則以学文（行ひて余力有らば、則ち以て文を学べ）」という。道徳的な人は、意識が道徳の基准に合うだけでなく、その意識を具体的な行働に移しなければならない。ある時、孔子の弟子が孔子に「夫子、あなたの言う仁徳、忠義はすべてすばらしいです。誰もが愛し合い、仁義をもって人を迎えることは、確かに美徳です。仁徳は欲しくって、でも、世界で生きたいというのも私の欲望です。仁徳と生命が衝突したとしたら、どうすればいいのか」と教えを請った。孔子は「これで何か迷うことはない。本当の志士は、死ぬのが怖いからといって、仁義を傷つけることはない」と厳粛に答えた。「殺身成仁（身を殺して仁を成す）」という言葉はここから現れた。古代の義勇の士の多くは「殺身成仁」の者で、例えば「功不言禄（徳があっても禄を言わず）」の介之推、汨羅に身を投げた屈原はすべて「仁」の道徳意識を行働に体現した代表だ。

「学ぶ」と「行う」の結合についても、荀子は極めて重要視し、むしろ後者の方が前者よりも重要だと考えた。『荀子・儒効』では「不聞不若聞之、聞之不若見之、見之不若知之、知之不若行之。学至於行之而止矣。行之、明也、明之為聖人。聖人也者、本仁義、当是非、斉言行、不失毫厘」という。どうして「聞く」も、「見る」も、「知る」も「行う」に及ばないのか。「行う」は道徳修養の最高段階だからである。道徳の教養は、道徳の知識を獲得し、道徳の是非弁別力を高めるだけでなく、より重要なことは、行動となって、体を働かすことだ。前の段階にとどまっていれば、これは本当の教養とはいえない。修養の最終目的は行動に変わることであり、聖人は道と行、知と行が完全に一致しなければ、聖人とは言えない。もし学習だけに満足して実行しなければ、獲得した道徳知識は、検証に耐えられなくなり、道徳知識を実践してこそ、道徳観念を更にはっきりさせることができ、それによってその「知る」を深化させ、「学ぶ」を絶えず深化させる。

董仲舒にも同じような見方がある。『漢書・董仲舒伝』では「強勉行道、則徳日起而大有功」という。道徳行為の修養に努めてこそ、徳性が大きく向上する。程顥と程頤は「理に沿って行う」ということを提出した。「理に沿う」とは、「天理」を求めて従うことであり、「知る」を強調した。しかし、「知る」

の最後の落足は「行う」にあり、ここでの「行う」は道徳の実践と履行を指す。程顥と程頤は「致知」と「力行」の思想を継承した上で、知先行後（まず知ってのち行う）の「知行観」を強調したが、「始於致知、智之事也。行所知而極其至、聖之事也」（『二程集・粋言』）と考えた。程顥と程頤は「聖人に学び、聖人の道を求める」という教育目的から出発し、「力学而得之、必充広而行之。不然者、局局其守耳」（『二程集・粋言』）のように学生を教導した。程顥と程頤は「知先行後」の観点をを持っているからといって、「行う」の価値を否定するわけではない。これは注意すべきことだ。

朱熹もまた、「践履躬行」を重視した。道徳修養において、彼は窮理と篤行の両立を主張し、「窮理以致其知、反躬以践其実」（『黄勉斎状行語』）という。さらに「知る」と「行う」の関係について「知行常相須、如目無足不行、足無目不見。論先後、知為先。論軽重、行為重」（『朱子語類』）と述べた。また、「行う」は「知る」を深めるための重要な手段でもあり、道徳の実践と履行によってのみ、道徳に対する認識を深め、明確な信仰を確立することができ、「方其知之、而行知之、則知尚浅。既親歴其域、則知之益明」（『性理精義』巻八）という。「行う」には「知る」を検証する役割もある。『朱子語録』巻十五では「欲知之真不真、意之誠不誠、只看做不做、如何真個如此做底、便是知至意誠」という。朱熹は「知る」を「行う」の前提とみなし、「行う」は「知る」の目的と検証基準であると強調した。朱熹は特に道徳行為の訓練を強調し、幼い時からやっていくと主張した。そのため、彼は児童のために『童蒙須知』を編纂し、子どもが日常生活で守らなければならない道徳な規範、礼儀作法、行動ルールを詳細に規定した。

「夫童蒙之学、始於衣服冠履、次及言語歩趨、次及灑掃涓潔、次及読書写文字、及有雑細事宜。皆所当知。今逐目条列、名曰童蒙須知。若其修身、治心、事親、接物、与夫窮理尽性之要、自有聖賢典訓、昭然可考。当次第暁達、茲不復詳著雲。蒙養従入之門、則必自易知而易従者始。故朱子既嘗編次小学、尤択其切於日用、便於耳提面命者、著為童蒙須知、使其由是而循循焉。凡一物一則、一事一宜、雖至繊至悉、皆以閑其放心、養其徳性、為異日進修上達之階、即此而在矣。吾願為父兄者、毋視為易知而教之不厳。為子弟者、更毋忽以為不足知而聴之藐藐也」

王守仁は「知行合一」の思想を提出し、力行の観念を更に一階に高めた。

「又有一種人、茫茫蕩蕩懸空去思索、全不肯著実躬行、也只是個揣摸影響、所以必説一個行、方才知得真。此是古人不得已補偏救弊的説話、若見得這個意時、即一言而足。今人却将就知行分作両件去做、以為必先知了然後能行、我如今且去講習討論做知的工夫、待知得真了方去做行的工夫、故遂終身不行、亦遂終身不知。此不是小病痛、其来已非一日矣。某今説個知行合一、正是対病的薬」(『王陽明全集』巻一『伝習録』上)

王守仁の知行合一説は、その内在構造について、主に「知をもって行となす」と「知をもって必ず行となす」がある。「知行合一」は、「知る」と「行う」が互いに含み、互いに融通し合い、あなたの中に私があり、私の中にあなたがあり、互いに結合するという意味だ。

「某嘗説知是行的主意、行是知的功夫。知是行之始、行是知之成。若会得時、只説一個知、已自有行在。只説一個行、已自有知在」(『王陽明全集』巻一『伝習録』上)

王守仁は、真知(真の知識)は必ず「行う」として表現しなければならず、実行しなければ真知にはならないと考えた。例えば、親孝行の道理を知っている時、すでに両親に対してとても親孝行と関心を持っている。仁愛を知っているときは、すでに仁愛方式で周囲の兄弟や友人に接している。その意味では「称某人知孝、某人知弟、必是其人已曾行孝行弟、方可称他知孝知弟、不成只是暁得些孝弟的話、便可称為知孝弟」(『王陽明全集』巻一『伝習録』上)という。

明清の時に、理学を反対した教育家の一部は「存天理、滅人欲(人欲を去りて天理を存す)」という道徳の教条を批判した。王夫之はその代表的人物であり、性と習、理と欲、知と行、動と静などの一連の問題について「程朱理学」と「陸王心学」を比較的全面的に整理した。王夫之は、道徳は「一日一日の変化を通して形成されてきたものであり、道徳修養はみずからたゆむことなく努める実践の鍛練に養わなければならないと考えた。彼は特に環境の影響や習慣の形成を重視し、「人不幸而失教、陥入於悪習、耳所聞者非人之言、目所見者非人之事、日漸月漬於裏巷村落之中」(『易』)という。しかし、志を立てて目を覚ますことができれば、生まれ変わった教育改造を経て、まだ新人になれるので、道徳修養は「自修の志」を立てるべきで、同時に「勤勉の功」が必要であると強調した。『礼記・中庸』では「君子之道、譬如行遠必自迩、譬如登高必自卑矣。……行無有不積、登無有不漸、迩積而遠矣、卑漸而高矣、故積小者漸大也、積微者漸著也。……念念之積漸而善量以充、事事之積漸而徳之成一盛」という。

「力行」にはもうひとつ重要なことがあり、すなわち「事上磨錬」ということだ。「事上磨錬」とは、実際に行動や実践を通して、知識や精神を磨くことだ。つまり実際の日常の行動をこなし、人生の順境と逆境を正しく見て、特に逆境に対処していくなかで人格を磨いて形成していかなければならないと強調した。この方面では、孟子と王陽明の思想が最も代表的だ。『孟子・告子下』では「故天将降大任於斯人也、必先苦其心志、労其筋骨、餓其体膚、空乏其身、行払乱其所為、所以動心忍性、曽益其所不能（天が人に大事を任せる時は、先ずその心と志を乱し、骨が折れる程の苦難を与え、その体を飢えさせ、生活を窮乏させ、やる事なす事をことごとく狂わせる。これは、その心を鍛えて忍耐を育て、それまで出来なかった事も出来るようにするためである）」という。王陽明の弟子・陸澄は鴻臚寺に逗留していたが、突然、息子の危篤を知らせる手紙を受け取った。王陽明は、この時こそ勉強の機会であり、人はこの機会で磨かれ、自分の境界を高めようとしている。この機会を簡単に放棄し、暇な時に講義するのは何の役に立つことがあるか、と戒めた。このことから王陽明の「事上磨錬」への執念がうかがえる。

自省自克

外在的な学習を内在的な自己反省に転化して自らの言行を束縛し、自制することも儒家の道徳教育の一種の追求だ。『論語』には、曽子の「吾日三省吾身（吾日に吾が身を三省す）」の修養方法が記されており、人々は常に自己の思想と行為を反省し、自己の意識と言行の善悪・是非を弁別し、自己批判に厳しく、自分の過ちを直ちに改めることを「自省」としている。「自克」と「自省」は互いに補完し合い、孔子が最初に「克己（自分の感情・欲望・邪念などにうちかつ）」を提唱したのは、自らの言行を厳格に要求し、自らの言行を束縛・自制し、一定の道徳規範に適合させることであり、内省・自制は一種の内と外、己と他が互いに照らし合い、両者は互いに協力して共同の修身原則を完成させる必要がある。

「自省」とは主観的な思想分析活動を積極的に展開することを重視し、自覚的に思想監督を行い、道徳規範に従わせ、内在的な自覚要求となり、外部からの強制を受けない。『論語・学而』では「内省不疚、夫何憂何懼（内に省りみて疚しかず、夫れ何をか憂へ何をか懼れん）」という。そのため、孔子は学生に「求諸己（諸れを己に求め）」「見賢思斉焉、見不賢而内省也（賢を見てはひとしからんことを思い、不賢を見ては内に自ら省みる）」（『論語・里仁』）ことを求めた。周礼にふさわしい賢人を見て、どうやって学んだか、周礼に逆らう賢人を見て、自分と同じ過ちを犯したかどうか、心の中で反省しなければならない。孔子から見れば、ただ勉強するだけで、自身の品質行為への実際的な反省に結びつかないと、呆然として所得がなく、自身の品性の真の向上がないということだ。孔子は九つの反省事項を挙げ、視には明を思ひ、聴には聡を思ひ、色には温を思ひ、貌には恭を思ひ、言には忠を思ひ、事には敬を思ひ、疑には問を思ひ、怒には難を思ひ、得るを見ては義を思ふ、人々に常に九つの反省事項を肝に銘じていなければならず、外部の物に左右されないことを要求した。彼は勉強と反省を生活の一部と見て、品性修養の難しさに対する深い認識を示した。「内省」のほかに、「自訟（自らを責める）」を完成することは、自分に欠点と誤りがある時、勇敢に自己に直面し、自分と訴訟を起こす時、肝心なのは物事の善悪を判断してよい行いをしようとする良心のはたらきを発揮し、欠点、汚点に対して情実を残さず、見逃さないことだ。「自訟」はそれ自体が道徳的な基準で自己批判を行うため、おおむね「善終（よい結果をつける）」の結末を持ち、「湯祈祷桑林」における成湯王の言葉が代表的だ。商の創立して間もなく、五年連続の旱魃が発生し、作物は収穫がなく、骨が至るところにある。湯王は史官に占いを命じた。史官は占いをした後、「人に祭られ、天に祭られなければならない」と言った。成湯王は唸りながら「私は民のために雨を招くのです。人のために祭らなければならないのなら、私の体を使って天を祀ってください」と言った。そこで商湯は沐浴・斎戒し、白馬に乗って布衣を着て、桑の木の林に祭壇を設けた。彼は大声で天に祈って「罪は私一人で、万民を罰することはできません。万民有罪も、私一人です。私一人の才能がないからといって、天帝や鬼神が民の命を傷つけることはない」と言った。そして「雨が降らないのは私の政治の節度がないからですか？民衆に苦痛があり、民衆に職務を失ったのですか？官吏の汚職賄賂の風が盛んですか？

宮殿を大修理して人民に損害を与えたのですか？美女が政治に干渉したのですか？小人が横行しています。私は讒言を信じましたか？」と六事で自責した。成湯王は自訟（自らを責める）が終わってから、祭祀が始まっていないと、急に数千里もの雨が降った。

「昔者、湯克夏而正天下、天大旱、五年不収、湯乃以身禱於桑林、用祈福於上帝、民乃甚説、雨乃大至」（『呂氏春秋・順民』）

孟子は孔子の「君子求諸己」「厚于責己」の思想に基づき、「反求諸己」を提唱した。「反求諸己」とは、何も期待できない行為に対して、何度も何度も自問し、自分自身から原因を探ろうとすることだ。彼は「愛人不親、反其仁。治人不治、反其智。礼人不答、反其敬。行有不得者皆反求諸己」（『孟子・離婁上）と述べた。つまり、人を愛して親しまれなければ、自らの仁を反省してみよ。人を治めて治まらなかったら、自分の智を反省してみよ。人に礼を行なって答えがなかったら、自分の敬愛心を反省してみよ。何か他人に行なってよい反応を得られなかったら、すべからく自分自身に原因がないか反省すべし。己が正しければ、やがては天下すら従うようになるだろう。「反求諸己」ばかりでなく、過失もあれば本当に改めるべきであり、「西子も不潔を蒙らば、則ち人皆鼻を掩いて之を過ぎん」という。「聞過則喜（人が過ちを指摘するのを聞いて喜ぶ）」「見善思遷（善を見たらすぐに学び取り）」をして、自ら他人の長所を勉強し、これによって自分の道徳修養を高めていくことができる。

荀子も同様に、「聖人」が「聖人」になったのは、「聖人」が能弁だったからではなく、礼をもって自らを厳しく律した結果だったと強調していた。『荀子・修身』では「見善、修然必以自存也。見不善、揪然必以自省也。故非我而当者、吾師也。是我而当者、吾友也。諂諛我者、吾賊也（善を見れば、修然として必ず以て自ら存み、不善を見れば、愀然として必ず以て自ら省みる。我を非として当う者は吾が師なり。我を是として当る者は吾が友なり。我に諂諛する者は吾が賊なり）」という。夏朝のとき、裏切った諸侯・有扈氏が兵を率いて侵攻してきた。夏禹が息子の伯啓に抵抗を命じると、伯啓は敗れた。伯啓の部下は不服に思って攻撃の継続を求めたが、伯啓は「もういい、私の兵は彼より多く、地も彼より大きいのに、彼に打ち負かされた。これは私の徳行が彼に及ばず、兵の持ち方が彼に及ばなかったからに違いない。今日からは、必ず直さなければならない」と話した。それ以来、伯啓は毎朝早く起きて仕事をし、粗末な食事をし、庶民の世話をし、才能のある人を任用し、品性のある人を尊敬し、そして毎晩の休息の前に、自分が一日にどのくらい善事をし、またどんな悪い事をしたかを反省し、これらを記録した。一年後、扈氏がこ

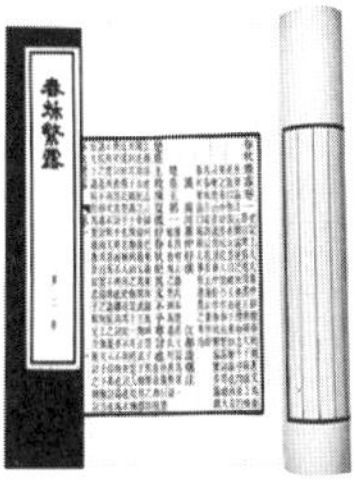

れを知ると、これ以上侵犯する勇気がないばかりか、自ら投降した。失敗や挫折があったら、伯啓のように謙虚に自己を反省し、すぐに欠点を改めることができれば、最終的な成功も得られる。

前漢の儒学者・董仲舒は「以仁安人、以義正我」の原則を掲げて人々の行為を規範化した。彼は「仁之法在愛人不在愛我。義之法在正我不在正人。我不自正、雖能正人、弗予為義。人不被其愛、雖厚自愛、不予為仁」(『春秋繁露・仁義法』)と述べ、仁と義は対象別の道徳規範であり、「仁」は人に接するためのものであり、「義」は自分を律するためのものであると指摘し、人々に自分を厳しく律し、人に寛大にすることを求め、人と私の関係を新しい高度に引き上げた。彼は「故君子怒則反中而自説以和、喜則反中而収之以正、憂則反中而舒之以意、懼則反中而実之以情。失中和之不可不反如此、故君子道至」(『春秋繁露・循天之道』)と述べた。

北宋時代の儒学者・張載は、人の道徳形態が「気」の変化によって形成され、人が「浩然の気」を養成する時、高尚な道徳が形成され、養気(気力を養成する)・集義(義を積み重ねる)は主に「克己従礼(私情や私欲に打ち勝って、社会の規範や礼儀にかなった行いをする)」によって実現されたと考えていた。「克己」しなければ「集義」できず、「従礼」しなければ「気質」を変えることができないというのであり、道徳修養の過程で「克己」に力を入れることを求めた。彼は「人須一事事消了病、則常勝、故要克己。克己、下学也。下学上達相培養、蓋不行則成何徳行哉」(『経池理窟・学大原下』)と述べた。また、張載は、礼が天理の自然であり、「克己」の目的は各人の言行を「礼」に符合させ、「成身」または「成性」の聖賢になることだと考えた。

南宋の思想家・陸九淵は「切己自反」の修養方法を提案した。「切己自反」をするためには、「存養（本来の心を失わないようにして、その善性を養い育てる）」をしなければならない。彼は人の本心を無数の財物を秘めたビルにたとえ、「棟宇宏麗、寝廟堂室、厩庫禁庚、百尓器用、莫不具備、甚安且広」（『陸九渕集・与胡達材』）という。人々はそれを保全・守りさえすれば、十分に役に立つ。「存養」をするための具体的な方法として、一つは「寡欲（欲が少ない）」で「吾心之害」を取り除くことである。彼は、本心の解放が主に物欲によるもので、「存心（心中に思うところ）」のためには、「去欲（欲を除去しなければならない」と考えていた。第二に、「日用のところから始める」ということは、日常生活のさまざまな側面に根ざすことだ。第三は「邪説」の迷いを解くことだ。彼は「存養」も「剥脱」も強調したが、明らかに「存養」を「剥脱」より高い位置に置いた。

王守仁は「省察克治、防於未萌之先」という方法を提案した。彼は『伝習録』の中で「省察克治之功、則無時而可間、如去盜賊、須有個掃除廓清之意。無事時、将好色、好貨、好名等私、逐一追究搜尋出来、定要抜去病根、永不復起、方始為快。常如貓之捕鼠、一眼看著、一耳聴著、才有一念萌動、即与克去、斬釘截鉄、不可姑容与他方便、不可窩蔵、不可放他出路、方是真実用功、方能掃除廓清」と述べた。王守仁は、比喩的な手法で、省察克治の緊迫性、重要性、能動性を生々しく描写した。省察克治の本質は主体的な意志の反省であり、道徳的な意志の修養における悪の除去、悪を止める主体性と自覚性を強調した。彼は「省察是有事時存養、存養是無事時省察」（『王陽明全集・巻一・示学者帖』）と述べた。そのため、根源からこのような混乱を根絶するには、徹底的に不良な一念を胸に潜ませないことが必要だ。このような「一念萌動、即与克去」方法は非常に我々の参考に値する。

改過遷善

社会で生きている中で、誰でも道徳規範に逸した過ちを犯すことは避けられない。肝心なのはどのように過失を処理し、是正するかだ。孔子は「改過遷善」を提唱した。具体的な方法とはいかなるものであろうか。

一　聞過則喜（人が過ちを指摘するのを聞いて喜ぶ）

聞過則喜とは、その名の示すとおり、人が過ちを指摘するのを聞いて喜ぶ、謙虚に人の意見を聞き入れることだ。これは豊かな心と良好な個人の教養を体現し、中華民族の伝統文化の精髄になる。

『論語・述而』には孔子が人の批判にどのように対応したかが記されていた。陳司敗は孔子に魯の昭公は礼を知っているかと問うと、孔子は「礼を知っている」と答えた。孔子が去った後、陳司敗は孔子の弟子である巫馬期に「君子の人となりは公正で、一方の肩を持ったことがないと聞いて、孔子は一方の肩を持っているのだろうか。魯君は呉から夫人を娶ったが、同姓不婚の規則を破り、どうして魯君は礼節をわきまえていると言うことができるのか」と言った。巫馬期はその言葉を孔子に伝えた。孔子はそれを聞いて「丘有幸、苟有過、人必知之（わたし丘は幸いである。もし間違いがあれば、人が必ずそれを指摘する）」と言った。彼は自分も過ちを犯したことを認めたが、覆い隠すつもりはなかった。過ちがあれば他人に理解されるのが自分の幸運だと思った。人が過ちを犯すのは一時的なことで、過ちを正視し、公に改正しさえすれば、みんなに尊敬される。三千人の弟子の中で、孔子の最も好きな学生は顔回で、顔回が熱心に学問に励み、絶えず努力して孔子の理想を実践しているだけでなく、「不遷怒（怒りを遷さず）、不弐過（過ちを再びせず）」という修養もある。不遷怒とは怒りにまかせて、八つ当たりしないことだ。不弐過とは、過ちを再びせずと言う意味だ。過ちを犯すことは避けられないが、同じ過ちを繰り返すわけにはいかない。

『孟子・公孫丑章句上』にも、孟子が「子路、禹と舜」を例に挙げて、学生に勇敢に批判を受けるように教育したとある。戦国時代、孟子はその弟子たちに、批判を受け入れることに優れた歴史上の三人を挙げた。子路、禹、舜。子路は孔子の弟子の一人で、彼は人柄が誠実で、剛直で勇気があり、他の人が彼の欠点を指摘する時、彼は謙虚に受け入れるだけでなく、非常に喜んで、本当に「聞過則喜」ことをやり遂げた。孟子は「子路、人告之以有過、則喜。禹聞善言、則拜。大舜有大焉、善与人同、舍己従人、楽取於人以為善。自耕稼、陶、漁以至為帝、無非取於人者。取諸人以為善、是与人為善者也、故君於莫大乎与人為善」と述べた。孟子は、道徳教育の本質は人々の欠点を是正し、積極的に自身の不断の改善を促進することにあると考えた。「知恥（恥を知る）」は前提と基礎であり、知恥してこそ、人の善良な本性を再現することができ、すなわち「人不可以無恥、無恥之恥、無恥矣（人は以て恥づること無かる可からず。恥づること無きを之れ恥づれば、恥無し）」ということだ。孟子によれば、「恥を知る」は、一人の人間の道徳的な責任の体現であり、道徳的な判断力の表現でもある。「恥を知る」ことこそ、人間の自己道徳意識を目覚めさせ、自己の道徳的な責任に昇華させてこそ、自己教育ができる。「恥を知る」は前提であり、過ちを改めることで「善に遷る」を実現するのが最終目的だ。そこで、孟子は人々に「間違っているところを正しくする」ことを励まし、「善を見たらすぐに学び取り、過ちがあればすぐに改める」を提唱した。「他人の長所を謙虚に学び、他人の長所で己の短所を補おう」と説いた。

二　見過自訟（自分で自分のあやまちを責める）

「見過自訟」とは、誤りを犯したことを反省し、誤りの根源を見出し、それを正し、すなわち自己批判ということである。孔子は、内省・自訟は誤りを訂正する前提条件であり、自己の内心で思想闘争を経なければ、誤りの原因を認識することは不可能であり、改める決心も生まれない。だから、彼はでたらめな言葉で過ち・誤りをごまかし、僥倖を望む心理に乗らないように要求した。人の行為は客観的に存在するため、是、非、善、悪ははっきりと区別され、子貢は人の過失を日蝕、月食にたとえ、人々は見て、覆い隠すことができない。『論語・子張』では「君子之過也、如日月之食焉。過也、人皆見之。更也、人皆仰之（君子の過ちや、日月の食の如し。過つや人皆之を見る。更むるや人皆之を仰ぐ）」という。きちんと直してこそ、人の了解と信頼を得ることができる。では、人の批判にどう対応するのか。『論語・子罕』では「法語之言、能無従乎。改之為貴。巽与之言、能無説乎。繹之為貴。説而不繹、従而不改、吾末如之何也已矣（法語の言は能く従うことなからんや。之を改むるを貴しと為す。巽与の言は能く説ぶことなからんや。之を繹ぬるを貴しと為す。説んで繹ねず、従って改めずんば、吾之を如何ともすることなきのみ）」という。法則に合った正しい意見に対して、必ず耳を傾けて、そして過ちを改める。婉曲な忠告なら、喜んで聞くだけではなく、考えて分析し、差を見つけることが大切である。孔子はまた、「過則勿憚改（過ちては則ち改むるに憚ること勿れ）」（『論語・学而』）と言い、学生に勇気をもって過ちを改めるように勧めた。しかしある人は正しく自分の過ちに対処することができなく、誤りがあってもでたらめな言葉で過ち・誤りをごまかし、認識できないし、訂正もしない。『論語・衛霊公』では「過而不改、是為過矣（過ちて改めざるを、これ過ちという）」といい、朱熹は、「過而能改、則復於無過、唯不改、則其過遂成、而将不及改矣」と注記した。人は誰でも過ちを犯すものだが、過ちを犯した後に、それを反省しないでいることが、本当の過ちだ。「見過自訟」は道徳修養の方法だけでなく、必須の品徳でもある。

三　知過必改（過ちを知れば必ず改めよう）

『論語・学而』では「過、則勿憚改（過ちて則ち改むるを憚ること勿れ）」といい、また、『論語・述而』では「不善不能改、是吾憂也（不善の改むる能わざる、是吾が憂いなり）」という。孔子は過ちがあれば改めることを提唱し、「過而能改、則復於無過（過ちて能く改むれば、則ち過ち無きに復す）」と言った。逆に、「惟不改、則其過遂成（惟だ改めざれば、則ち其の過ち遂に成り）」（『論語・衛霊公』）という。人の過ちには、孔子は不咎既往（過去の失敗はとがめだてしない）、「攻其悪、無攻人之悪（其の悪を攻めて人の悪を攻むること無き）」という寛容な態度を取るべきだと主張した。

明代の学者王守仁も「貴于改過」の思想を提唱した。彼は「夫過者自大賢所不免、然不害其卒為大賢者、為其能改也。固不貴於無過而貴於能改過」（『王陽明全集』巻二十六）と述べた。だから、過ちを改めるには、まず過ちを正しく認識し、悔悟する必要があるが、悔悟は過ちではない。彼は「悔悟是去病之薬、然以改之為貴、若滞留於中、則又因薬発病」（『伝習録』上）と述べ、過ちを知って悔悟するのはよいと考え、これは病気にかかる薬を見つけたようであるが、薬を飲むだけ、薬性は発散できないならば、古い病気が治らないばかりでなく、新しい病気もかかる。過ちを是正する方法と言えば、間違っていることがわかったら、薬を処方し、問題を自然に解決する。

古典を読む

子路、曽皙、冉有、公西華侍[1]坐。子曰、以吾一日長乎尓[2]、毋吾以也。居[3]則曰、不吾知也。如[4]或知尓、則何以哉。子路率尓[5]而対曰、千乗之国、摂乎大国之間、加之以師[6]旅、因之以饑饉。由也為之、比及三年、可使有勇、且知方[7]也。

夫子哂[8]之。

求、尓何如。対曰、方六七十、如五六十、求也為之、比及三年、可使足民。如其礼楽、以俟君子。赤、尓何如。

1　侍……仕え、仕える。ここでは弟子の礼をとり、先生に仕えるという意味である。
2　以……だから。長＝年上。
3　居……平日、平日は家にいる時。
4　如……もし…なら。
5　率尓……軽率で急いでいる様子。
6　師……軍隊。
7　方……義、正道。ここでは礼儀を指す。
8　哂…… 微笑する、ほほえむ。

対曰、非曰能之、願学焉。宗廟之事、如会[1]同[2]、端[3]章甫[4]、願為小相[5]焉。

点、尓何如。

鼓[6]瑟希[7]、鏗尓、舎瑟而作[8]、対曰、異乎三子者之撰[9]。

子曰、何傷乎。亦各言其志也。曰、莫春[10]者、春服既成、冠者五六人、童子六七人、浴乎沂、風乎舞雩、詠而帰。夫子喟然[11]嘆曰、吾与[12]点也。

三子者出、曽晳後。曽晳曰、夫三子者之言何如。子曰、亦各言其志也已矣。曰、夫子何哂由也。

1 会……諸侯間の同盟会。
2 同……諸侯は共に天子に謁見する。
3 端……古代の礼服の一つ。
4 章甫……古代の礼帽。「礼服を着て、礼帽をかぶっている」という意味である。
5 相……祭祀する時、会盟する時、天子に会った時に、賛礼と司会をする人。
6 鼓……弾くこと。
7 希……「稀」、疎、ここでは鼓の音が終わりに近づいている。
8 作……立ち上がる。
9 撰……才能。
10 莫春……旧暦の三月を指す。
11 喟然……ため息をつく様子。
12 与……動詞で、賛成する。

曰、為国[1]以礼、其言不譲、是故哂之。唯求則非邦也与。安見方六七十、如五六十而非邦也者。唯赤則非邦也与。宗廟会同、非諸侯而何。赤也為之小、孰能為之大。（『論語・先進』）

君子[2]曰、学不可以已。[3]

青、取之於藍[4]而青於藍。氷、水為之而寒於水。木直中縄[5]、輮[6]以為輪、其曲中規。[7]雖有槁暴[8]、不復挺[9]

1　治理する。
2　君子……学識・人格ともにすぐれた、りっぱな人。
3　勉強は止められない。
4　青は、染料の一種である。藍は一年草で、茎は赤紫色、葉は長楕円形、幹は暗青色。花は淡紅色、穂状花序。葉には青汁が含まれ、青色の染料になる。
5　中縄……（材木）伸縮に適した墨縄。木工はまっすぐな墨縄でまっすぐ取る。
6　木の棒を火であぶって曲げる。
7　規……コンパス、円を測る道具。
8　また干したとしても。
9　挺……まっすぐ。

者、輮使之然也。故木受縄[1]則直、金[2]就砺[3]則利、君子博学而日参省乎己[4]、則知明而行無過[5]矣。

故不登高山、不知天之高也。不臨深渓、不知地之厚也。不聞先王之遺言[6]、不知学問之大也。幹、越、夷、狢之子、生而同声、長而異俗、教使之然也。詩曰、嗟尓君子、無恒安息。靖共尓位、好是正直。神之聴之、介尓景福。神莫大於化道、福莫長於無禍。

吾嘗終日而思矣、不如須臾之所学[7]也。吾嘗跂[8]而望矣、不如登高之博見[9]也。登高而招[10]、臂非加長也、

---

1 受縄……墨線で測ったことがある。
2 金……金属製の刀剣など。
3 砥石で磨く。
4 毎日自分を反省することにしている。参＝何度も。博学とは、幅広く勉強する。
5 行無過……行動に過ちはない。
6 遺言……昔の教えのようである。
7 ごく短い時間で学んだこと。須臾＝ちょっとの間。
8 跂……かかとを上げて立っていること。
9 博見……広く見られること。
10 招……手を振ること。

而見者遠[1]。順風而呼、声非加疾[2]也、而聞者彰[3]。仮輿馬者[4]、非利足也[5]、而致千[6]里。仮舟楫[7]者、非能水[8]也、而絶[9]江河。君子生[10]非異也、善仮於物也[11]。（『荀子・勧学』）

国子先生[12]晨入太学、招諸生立館下、誨之曰、業精於勤、荒於嬉[13]。行成於思、毀於随。方今聖賢相逢、

1 遠くにいる人にも見えるという意味である。
2 疾……速い。ここでは「朗々としている」という。
3 彰……あきらかに。ここではもっとはっきり聞こえることを指す。
4 仮……利用すること。輿は、車のことを指す。
5 利足＝足が速い。
6 致……到達。
7 楫……（船の）櫂、オール。
8 能水……泳げること。
9 横断する。
10 生……天賦、素質。
11 物……外物、各種の客観的条件をいう。
12 韓愈は自称する。当時は国子博士を務めた。唐の時代は国子監が都にあった。高学府には国子学、太学などの七学があり、各学部に博士を置く。国子学は高級官僚の子弟のためのものである。太学とは、ここは国子監である。唐の国子監は漢の太学に相当し、昔は官署に対しては昔からの呼び名をそのまま用いる習慣があった。
13 嬉……戯楽、遊戯。

治具[1]畢張。抜去凶邪、登崇畯良[2]。占小善者率[3]以録、名一芸者無不庸[4]。爬羅剔抉[5]、刮垢磨光[6]。蓋有幸而獲選、孰云多而不揚。諸生業患不能精、無患有司之不明。行患不能成、無患有司[7]之不公。

言未既、有笑於列者曰、先生欺余哉。弟子事先生、於茲有年矣。先生口不絶吟於六芸[8]之文、手不停披於百家之編[9]。記事者必提其要、纂言者[10]必鈎其玄。貪多務得、細大不捐。焚膏油[11]以継晷[12]、恒[13]兀兀[14]以窮

1　治具……治理の道具。主に法令を指す。
2　畯……才能が抜群である。
3　率……全部。
4　庸……「用」、採用する。
5　人材を集めることを意味する。爬羅＝収集、剔抉＝選別する。
6　汚れを落としてつやを出すこと、人材を大切に育てること意味である。
7　有司……専任の部署とその官吏。
8　六芸……儒家六経、すなわち「詩」「書」「礼」「楽」「易」「春秋」の六部儒家経典を指す。
9　百家の編……儒家経典以外の各学派の著作を指す。『漢書・芸文志』は儒家経典を『六芸略』に組み入れ、また『諸子略』に先秦から漢初期の各学派の著作を記している。春秋戦国時代、各種の学派が興って、書説を書いて、だから「百家争鳴」の称があった。
10　纂……編集する。纂言者は、論説集、理論著作を意味する。
11　膏油……油脂、灯台のこと。
12　晷……日影。
13　恒……常に。
14　兀兀……勤勉で怠らない様子。

年。先生之業、可謂勤矣。

觝排異端[1]、攘[2]斥仏老[3]。補苴[4]罅漏、張皇幽眇[5]。尋墜緒[6]之茫茫、独旁捜而遠紹。障百川而東之、回狂瀾於既倒。先生之於儒、可謂有労矣。

沈浸醲郁、含英咀華[7]、作為文章、其書満家。上規姚姒[8]、渾渾無涯。周誥、殷『盤』、佶屈聱牙。『春秋』謹厳、『左氏』浮誇。『易』奇而法、『詩』正而葩。下逮『荘』『騒』、太史所録。子雲、相如、同工異曲。先生之於文、可謂閎其中而肆其外矣。

少始知学、勇於敢為。長通於方、左右具宜。先生之於為人、可謂成矣。

1　儒家は儒家以外の学説、学派は異端という。
2　攘……排除する。
3　老……老子、道家の創始者、ここで道家を指す。
4　苴……靴底に敷く草。ここで動詞として用いられ、補填するという意味である。
5　眇……微小。
6　緒……先人が残した事業、儒教の道統。韓愈『原道』は、儒家の道は尭舜から孔子、孟軻に伝わって、後で失伝し、彼はこの伝統を受け継いで自任すると思う。
7　英、華は、花の意味で、文章の精華を指す。
8　姚姒……虞舜と夏禹のこと。

然而公不見信於人、私不見助於友。[1] 跋前躓後、動輒得咎。[2] 暫為禦史、遂竄南夷。[3] [4] 三年博士、冗不見治。[5] 命与仇謀、取敗幾時。[6] 冬暖而児号寒、年豊而妻啼饑。頭童歯豁、竟死何裨。不知慮此、而反教人為。[7]

先生曰、吁、[8] 子来前。夫大木為宋、細木為桷、欂櫨、侏儒、椳、闑、扂、楔、各得其宜、施以成室者、匠氏之工也。[9] 玉劄、丹砂、赤箭、青芝、牛溲、馬勃、敗鼓之皮、倶収並蓄、待用無遺者、医師之

1 見信とは信頼されること。見助とは、助けられること。
2 踏む。
3 竄……左遷されること。
4 韓愈は貞元十九年（８０３）に四門博士を授け、翌年には監察御史、冬には上書で宮市の弊を論じ、徳宗を怒らせ、連州陽山令に貶された。陽山は今広東にあり、南夷と呼ばれている。
5 韓愈は憲宗元和元年(８０６)六月から、憲宗元和四年まで国子博士を務めていた。この文は第三回博士の時に作ったものである。
6 幾時……いつまでも、いつでも。
7 為……疑問・逆詰を表す。
8 感嘆詞。
9 宋……棟。桷＝屋垂。欂櫨＝斗栱、欂の木の上に棟木を支える。侏儒とは、梁の上に短い柱。椳＝門枢臼。ドアの中央に立てられた短い木が、両扉の交わるところにある。扂＝門のかんぬきなど。楔とは、門の両側に木の柱がある。

良也。[1]登明選公、雑進巧拙、紆余[2]為妍[3]、卓犖[4]為傑、校[5]短量長、惟器是適者、宰相之方也。昔者孟軻好弁[6]、孔道以明、轍[7]環天下、卒老於行。荀卿[8]守正、大論是弘、逃讒於楚、廃死蘭陵。是二儒者、吐辞為経、挙足為法、絶類離倫、優入聖域、其遇於世何如也。[9]今先生学雖勤而不繇[10]其統、言雖多而不要其中、文雖奇而不済於用、行雖修而不顕於衆。猶且月費俸銭、歳靡[11]廩[12]粟。子不知耕、婦不知織。乗馬従徒、安

1　玉札……地楡。丹砂＝朱砂。赤矢＝天麻。青蘭＝龍蘭。以上の四つは全部貴重な薬である。牛溲とは、牛の尿、一説には車の前の草である。馬勃とは馬の屁菌。以上の二種類と「敗鼓之皮」はいずれも安価な薬剤である。

2　婉曲で落ち着いた様子。

3　妍……美しい。

4　際立って、群を抜く。

5　比較。

6　孟子は弁舌好きという名声を持っていた。彼は「予豈好弁哉」といい、自分は聖道を守るため、論争をせざるを得ないという意味である。

7　車輪の跡。

8　荀卿、すなわち荀況は、戦国後期に儒家の大師、時には卿と尊称された。斉で祭酒をしていたが、讒言されて楚に逃げた。楚の春申君は蘭陵（現在の臨沂蘭陵鎮）令に任ぜられた。春申君の死後、彼も廃され、蘭陵で没した。著書に『荀子』がある。

9　離、絶はすべて超越の意味である。倫、類はいずれも「類」の意味で、普通の人のこと。

10　繇……「由」。

11　靡……浪費する、消耗する。

12　廩……穀倉。

坐而食。踵[1]常途之役役[2]、窺[3]陳編[4]以盗窃。然而聖主不加誅、宰臣不見斥、茲非其幸歟。動而得謗、名亦随之。投閑置散、乃分之宜。若夫商財賄[5]之有亡[6]、計班資[7]之崇庳、忘己量之所称、指前人[8]之瑕疵[9]、是所謂詰匠氏之不以杙[10]為楹[11]、而訾[12]医師以昌陽[13]引年、欲進其豨苓也[14]。(韓愈『進学解』)

大抵観書先需熟読、使其言皆若出於吾之口。継以精思、使其意皆若出於吾之心、然後可以有得尓。

1 踵……かかと、ここには従うという意味。
2 役役……労苦のこと。
3 穴や隙間、または人目に近いところから覗き込む。
4 陳編……古い書物。
5 財賄……財物、ここでは俸禄を指す。
6 亡……「無」。
7 班資……クラス、資格。
8 前人……自分の上位に位置する人のこと。
9 瑕疵……玉の斑点、人の欠点のたとえ。
10 杙……小さい杭。
11 楹……柱。
12 訾……誹謗する、物議。
13 昌陽……昌蒲、薬の名前で、服用で長寿すると伝えられている。
14 この句の意味は、自分は小材で大いに使うべきではなく、待遇の多少、高低を問わないで、更に主管官僚の任使に何か問題があることを恨むべきではない。

至於文義[1]有疑、衆説紛錯、則亦虚心静慮、勿遽[2]取舎於其間。先使一説自為一説、而随其意之所之、以験其通塞、則其尤無義理者、不待観於他説而先自屈矣。復已衆説互相詰難、而求其理之所安、以考其是非、則自是而非者、亦将奪於公論而無立矣。大率徐行却立、処静観動、如攻堅木、先其易者而後其節目。如解乱縄、有所不通則姑置而徐理之。（朱熹『読書之要』）

来書雲、真知即所以為行、不行不足謂之知、此為学者吃緊[3]立教、俾務躬行則可。若真謂行即是知、恐其専求本心、遂遺物理[4]、必有闇[5]而不達之処、抑豈聖門知行並進之成法哉。知之真切篤実処、既是行。行之明覚精察処、即是知。知行工夫、本不可離。只為後世学者分作両截用功、先却知、行本体、故有合一並進之説、真知即所以為行、不行不足謂之知。雲知苴乃食等説、可見前已略言之矣。此雖吃緊救弊而発、然知、行之体本来如是。非以己意抑揚其間、姑為是説、以苟[6]一時之効者也。専求本心、遂遺物理、此蓋失其本心者也。夫物理不外於吾心、外吾心而求物理、無物理矣。遺物理而求吾心、吾心又

1　文義……文章の義理。
2　遽……あわてて、拙速。
3　吃緊……細心、真剣。
4　物理……物事の道理と法則。
5　闇……「暗」。
6　苟……とりあえず。

何物邪。心之体、性也、性既理也。故有孝親之心、即有孝之理。無孝親之心、即無孝之理矣。有忠君之心、即有忠之理。無忠君之心、即無忠之理矣。理豈外於吾心邪。晦庵謂人之所以為学者与理而已。心雖主乎一身、而実管乎天下之理。理雖散在万事、而実不外乎一人之心。是其一分一合之間、而未免已啓学者心、理為二之弊。此後世所以有専求本心遂遺物理之患、正由不知心即理耳。夫外心以求物理、是以有誾[1]而不達之処。此告子義外之説、孟子所以謂之不知義也。心一而已、以其全体惻怛[2]而言、謂之仁、以其得宜而言謂之義、以其条理而言謂之理。不可外心以求仁、不可外心以求義、独可外心以求理乎。外心以求理、此知、行之所以二也。

求理於吾心、此聖門知、行合一之教、吾子又何疑乎。（王守仁『伝習録・答顧東橋書』）

1　誾……和気あいあいと正直な弁解。
2　惻怛……親切な様子。

著者紹介

閆　広芬（イェン・グヮァンフェン）浙江大学教育学院教育史博士課程修了。教育学博士。南開大学高等教育研究所教授。中国中青年教育理論研究会理事。中国婦女研究会理事。著書に『中国女子与女子教育』（河北大学出版社）など。

よくわかる古代中国の教育　　**定価 2980 円＋税**

2021 年 2 月 1 日　初版第 1 刷発行

著　　者　閆広芬
訳　　者　何翁鈴音
監訳・発行者　劉偉
発　行　所　グローバル科学文化出版株式会社
〒 140-0001 東京都品川区北品川 1-9-7 トップルーム品川 1015 号
印刷・製本　モリモト印刷株式会社

ISBN 978-4-86516-061-1　　C0037